COLLECTION

FRANCISCO

RIBEIRO DA CUNHA

DE LISBONNE

PARIS — 1884

EXEMPLAIRE DE H. STETTINER

COLLECTION Francisco RIBEIRO DA CUNHA
DE LISBONNE

CATALOGUE

D'UNE

COLLECTION IMPORTANTE D'OBJETS

DE

CÉRAMIQUE

AYANT FIGURÉ

EN PARTIE

A l'Exposition rétrospective de Lisbonne, en 1882

DONT LA VENTE AURA LIEU

HOTEL DROUOT, SALLE N° 8

Les Jeudi 17, Vendredi 18 et Samedi 19 Avril 1884

A DEUX HEURES

COMMISSAIRE-PRISEUR	EXPERT
Mᵉ ESCRIBE	M. E. GANDOUIN
Rue de Hanovre, n° 6	Rue Le Peletier, n° 42

CHEZ LESQUELS SE DISTRIBUE LE CATALOGUE

EXPOSITIONS

PARTICULIÈRE	PUBLIQUE
Le Mardi 15 Avril 1884	Le Mercredi 16 Avril 1884

Le Catalogue illustré de 20 photoglypties.................. **20 francs**
Le même, sur papier japon.............................. **25 —**

PARIS — 1884

CONDITIONS DE LA VENTE

Les Acquéreurs paieront CINQ POUR CENT, en sus des adjudications, applicables aux frais.

L'ordre numérique du Catalogue ne sera pas suivi.

En cas de contestation sur une enchère, les Objets seront immédiatement remis en vente

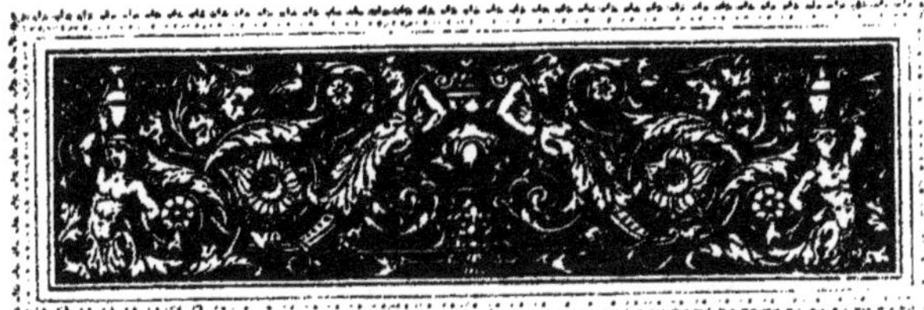

PRÉFACE

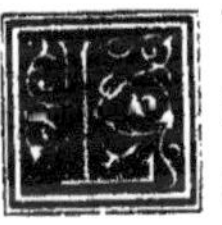'Exposition rétrospective organisée en 1882 à Lisbonne, sur l'initiative et par les soins de l'Académie Royale des Beaux-Arts, devait avoir principalement pour objet de montrer aux archéologues, aux artistes, aux industriels et aux amateurs, des œuvres de provenance et de fabrication exclusivement portugaise et espagnole. Dans certaines sections, notamment en orfévrerie, en sculpture sur bois et sur ivoire, dans les tissus, les broderies, etc., elle révéla un art particulièrement original, presque entièrement ignoré jusqu'alors et qui, à part une certaine exubérance d'imagination, n'est nullement à dédaigner. M. Charles Yriarte, dans les savants articles qu'il lui a consacrés à la *Gazette des Beaux-Arts* et dans la *Revue des Deux-Mondes*, a fait ressortir l'importance

tout à fait exceptionnelle, sous ce rapport, de cette très intéressante Exposition, qui restera comme une des tentatives les plus heureuses dans son application et les plus fécondes en enseignements pour l'histoire générale des industries européennes.

Mais à côté de ses richesses d'art national, le Portugal pouvait également montrer avec fierté les trésors de toute nature et de toute provenance que possèdent depuis de longs siècles les anciennes familles de la Péninsule, et là encore, les visiteurs ont pu admirer des spécimens merveilleux, et dont on ne connaissait pas l'existence, d'art français, italien ou allemand ; ils y ont vu, surtout, des œuvres exceptionnellement intéressantes provenant de cet extrême Orient, sur lequel on avait raconté tant de fables au moyen âge, et que les hardis navigateurs portugais du commencement du XVIe siècle furent les premiers à faire connaître à l'Europe.

C'est principalement la céramique qui se trouvait ainsi représentée, et cela s'explique d'autant mieux que, si l'on excepte quelques tentatives isolées que nous signalerons plus loin, l'art de la terre fut celui que les Portugais ont le moins pratiqué ; bien que, par ce fait, elle ait dû être en dehors du programme tracé primitivement par la Commission, elle n'en forma pas moins une des séries les plus importantes et les plus justement admirées de l'Exposition. Tous les amateurs de Lisbonne, et ils sont en assez grand nombre, tinrent à honneur d'y faire figurer les pièces remarquables, autant par leur mérite artistique que par leur extrême rareté, qu'ils possédaient dans leurs collections, et la salle E, organisée par les soins et sous l'habile direction de M. Fernando Palha, et tout spécialement consacrée à la céramique, fut bientôt une de celles qui attirèrent plus particulièrement les visiteurs. Les membres de la famille royale de Portugal, les ducs de Palmella, M. Osborne Sampaïo, M. Fernando de Souza et surtout M. Ribeiro da Cunha, furent les premiers à confier leurs fragiles trésors à M. F. Palha, qui en dressa un catalogue donnant la désignation de plus de mille objets, dont presque tous etaient des œuvres de premier mérite et dont quelques-uns se faisaient tout particulièrement remarquer par leur importance et leur bel état de conservation.

Ainsi que nous venons de le dire, c'est la collection de M. Ribeiro da Cunha qui fournit à l'Exposition de 1882 le plus fort contingent de la céramique ; c'est surtout celle qui renfermait le plus grand nombre de porcelaines des principales manufactures européennes du XVIIIe siècle et la plus importante série des œuvres fabriquées en Chine et au Japon depuis la dynastie des Ming jusqu'aux temps modernes, formant ainsi un ensemble complet et dans lequel on pouvait étudier, au double point de vue historique et artistique, l'industrie de la porcelaine dans ses manifestations les plus diverses.

M. Ribeiro da Cunha est, en effet, non seulement un amateur passionné, mais encore, et surtout, un érudit au goût sûr et délicat, et la collection qu'il a su former devait avoir d'autant plus de mérite aux yeux de ses compatriotes, et servir d'autant mieux à l'instruction des visiteurs de l'Exposition, qu'il n'en existait pas d'analogue en Portugal, et que c'est seulement à la suite de recherches patientes et continues et d'acquisitions faites avec beaucoup de soin et de discernement pendant plus de vingt-cinq ans, qu'il avait pu arriver à réunir des éléments épars, de façon à en constituer un ensemble méthodiquement classé et particulièrement intéressant.

C'est cette collection, — que des circonstances d'un ordre privé et dans lesquelles nous n'avons pas à entrer ici, vont livrer aux enchères de l'Hôtel Drouot, — que nous allons étudier en suivant l'ordre du Catalogue, qu'en a dressé avec le plus grand soin son propriétaire.

Tout d'abord, et comme un hommage rendu à la supériorité incontestable de notre grande manufacture nationale, c'est Sèvres que nous trouvons aux premières pages. Son inimitable porcelaine tendre, qu'aucune autre porcelaine n'a jamais égalée, et sur laquelle les couleurs, fondues dans l'émail et faisant corps avec lui, prennent des tons à la fois si doux et si brillants, y est représentée par plusieurs pièces, et surtout par un beau service à café (n° 1) à fond bleu, — *bleu de Roi*, comme on l'appelait autrefois, — limpide et profond, sur lequel se détachent en réserve des médaillons renfermant des bouquets peints par les meilleurs décorateurs du temps. Nous citerons également comme une œuvre remarquable, un *seau à rafraîchir* (n° 2), dont la décoration sobre et élégante pourrait être donnée en exemple à nos modernes artistes, trop enclins souvent à surcharger d'ornements confus, lourds et sans style, des pièces aux formes bizarres, tourmentées, et ridicules à force de vouloir être originales.

A côté des porcelaines peintes de Sèvres, nous signalerons aussi une intéressante série de ces *biscuits* en pâte tendre, si fort à la mode au siècle dernier et dont les modèles étaient fournis par les plus célèbres artistes de l'époque. Les sculpteurs les plus estimés ne dédaignaient pas de prêter leur talent souple et gracieux à la Manufacture royale, et les peintres eux-mêmes, Boucher entre autres, lui fournissaient des dessins que ses habiles praticiens traduisaient en statuettes ou en groupes, auxquels la pâte, d'un beau blanc laiteux, ajoutait un charme inexprimable.

Parmi les autres pièces des fabriques françaises, nous mentionnerons le beau service de Saint-Cloud, en pâte tendre (n° 18), décoré de fleurs modelées en relief et imitant les *blancs de Chine* si recherchés autrefois, une cafetière de Chantilly (n° 19), copiée probablement, elle aussi, sur une de ces pièces chinoises ou japonaises dont le château du prince de Condé renfermait une si belle collection, et enfin le *tête-à-tête* (n° 22) sorti des fours de Clignancourt, cette audacieuse fabrique qui voulait lutter avec la Manufacture royale et qui, sous le patronage du comte de Provence, — depuis Louis XVIII, — avait cru pouvoir, dans le principe, marquer ses produits d'un chiffre qui rappelait les deux L entrelacés de Sèvres. Ce service, composé de sept pièces, est finement décoré de sujets en camaïeu noir, décor assez rare à cette époque, au moins dans les porcelaines françaises.

Parmi les fabriques allemandes, la Manufacture de Meissen, ce berceau de la porcelaine dure européenne, ne compte pas moins de quatre-vingt-cinq pièces, dont plusieurs sont des merveilles d'élégance et d'exécution. Ses statuettes, surtout, d'un modelé parfois un peu sec, mais d'une pâte toujours incomparablement fine et blanche, rehaussée de couleurs souvent si bien glacées qu'on les croirait entrées dans l'émail, y sont représentées par des spécimens hors ligne et qui justifient l'engouement dont elles furent l'objet au siècle dernier. La Manufacture de Sèvres, qui avait été fondée pour contrebalancer en France l'influence de Meissen, ne chercha même pas à lutter contre les figurines de Saxe et produisit des statuettes, des groupes et des bustes, d'un art plus élevé, peut-être, mais qu'elle laissa à l'état de biscuit, sans les recouvrir d'émail et sans les rehausser de couleurs et d'or. La mode les adopta promptement, sans cesser pour cela de prodiguer ses faveurs aux élégantes et fines statuettes allemandes qui continuèrent, comme par le passé, à être expédiées en grandes quantités, non seulement en France, mais dans toutes les principales villes d'Europe. Les demandes, à un moment, furent tellement considérables que, pour les satisfaire, les directeurs de la fabrique durent se relâcher un peu de la surveillance rigoureuse qu'ils avaient apportée jusqu'alors à la perfection des produits qui sortaient de leurs fours, et livrèrent au commerce des statuettes mal *réparées*, sorties de moules usés qu'ils n'avaient pas le temps de renouveler, et qui sont de beaucoup inférieures à celles qui avaient fait la gloire de la Manufacture à ses débuts.

La Collection de M. Ribeiro da Cunha comprend trente-huit groupes ou figurines qui ne sont pas tous de même importance ni de même valeur, mais dont le plus grand nombre datent de la plus belle époque de la fabrication. Tels sont, particulièrement, les numéros 26, 27, 28, 30, 32, 34, 42, 55, et tant d'autres dont nous voudrions pouvoir donner une description détaillée et faire ressortir la grâce et la délicatesse en même temps que la pureté d'exécution et la finesse du décor.

Meissen ne fabriquait pas seulement des figurines ; ses porcelaines de service étaient également recherchées, et bien qu'elles soient inférieures sous beaucoup de rapports aux pièces analogues sorties des fours de Sèvres, elles n'en restent pas moins les types les plus complets de l'industrie céramique au XVIIIe siècle. Il suffit de voir dans la Collection da Cunha les n°s 66, 70, 73, 74, 76, 81, 84, etc., etc., pour se rendre compte de l'importance de cette belle fabrication et du haut degré de perfection auquel elle était arrivée en peu de temps, depuis le moment où Böttger avait commencé ses essais en produisant des grès fins à pâte noire, rouge ou brun-foncé, décorés de reliefs ou de dessins en or, dont le n° 91 offre un bel exemplaire.

Mais la fabrique saxonne, malgré les précautions qu'elle prenait, ne pouvait espérer garder pendant bien longtemps le monopole de la fabrication et, bientôt, toute l'Allemagne fut couverte de manufactures de porcelaine qui la copièrent à l'envi, comme les fabriques françaises cherchèrent à copier Sèvres. Celles de Ludwigsburg, entre autres, et de Höscht-sur-le-Mein, se distinguèrent par la perfection avec laquelle elles fabriquèrent des statuettes qui ne le cèdent en rien à celle de la manufacture privilégiée. De la première, nous citerons deux charmants pendants : *Une jeune Femme se versant du thé* et le *Violoniste* (n°s 112 et 113), et, de la seconde, le n° 121.

Les autres fabriques allemandes, Berlin, Furstemberg, Nymphembourg, etc., sont également représentées par quelques pièces fort intéressantes et d'une belle conservation.

Plus loin, nous rencontrons la Céramique anglaise avec des spécimens remarquables de la plupart de ses manufactures. C'est d'abord *Chelsea*, dont les figurines (n°s 123 et suivants) d'une belle pâte blanche et d'une belle fabrication sont malheureusement surchargées d'un luxe de décoration, fleurs, guirlandes, bouquets, ors, etc., admirablement exécutés, mais qui ne sont pas toujours en convenance parfaite avec les costumes et les ajustements qu'ils alourdissent souvent, si même ils n'en défigurent pas le caractère. Viennent ensuite les porcelaines de la Manufacture royale de *Worcester*, celles de *Derby*, et. surtout, une admirable pièce signée de *Wedgwood* (n° 139), cet homme extraordinaire, dans lequel semble s'être incarné le génie de la céramique et qui fut tout à la fois un praticien consommé, un artiste délicat, un ingénieur distingué, et, mieux encore, un véritable philanthrope. Ses porcelaines, ou pour être plus exact, ses grès, surtout ceux à fond bleu sur lequel se détachent des reliefs blancs furent imités partout, en France, à Sèvres et en Espagne, aussi bien que dans les principales fabriques anglaises, et quelquefois avec une rare perfection ainsi que le montre un joli service (nº 138) portant la marque de *Neale et C°*, d'*Hanley*, et décoré de sujets empruntés aux Fables de La Fontaine.

Parmi les produits des autres fabriques européennes, nous mentionnerons les groupes et statuettes en pâte tendre (nºs 152 et suivants) de *Capo-di-Monte*, deux jolis Seaux à rafraîchir (nº 151), également en porcelaine tendre, de *Buen-Retiro*, et des pièces de moindre importance, mais néanmoins intéressantes, de *Copenhague*, de *Wesp*, de *Limbach*, etc.

Les faïences ne sont représentées que par vingt-deux numéros, comprenant surtout des œuvres des manufactures espagnoles, entre autres deux très beaux Plats (nºs 171 et 172) d'*Alcora*, une grande Coupe de *Talavera* (nº 190), quelques Plats hispano-mauresques (nºs 179 et suivants), des Vases de *Marieberg*, près Stockholm, avec des raisins en relief, un très beau Plat de *Delft* (nº 177), portant le monogramme d'Adrien Pynacker, et, enfin, trois spécimens de la fabrique portugaise de *Rato*.

Nous ne connaissions jusqu'à présent aucun produit de cette manufacture dont l'existence a été de courte durée, et sur l'histoire de laquelle nous ne possédons que fort peu de renseignements que nous allons résumer ici.

Jacques Ratton, délégué de la *Cour suprême du Comité royal du Commerce, de l'Agriculture, des Fabriques et de la Navigation*, nous apprend dans ses *Mémoires* (*Recordaçoes*) écrits en 1810, que « lorsque le marquis de Pombal, voulant sauver d'une ruine imminente la fabrique de soieries, fondée à Lisbonne sous le règne de Jean V, décida qu'elle serait placée sous la protection du gouvernement, et lui accorda une subvention assez considérable pour lui permettre de reprendre son ancienne splendeur, il y mit comme condition que les directeurs qu'il avait nommés feraient, de leur côté, tous leurs efforts pour encourager en Portugal l'établissement de nouvelles industries et particulièrement de celle de la faïence. On fonda alors une fabrique de faïences imitant *les vaisselles qui venaient de France* et, pendant un certain temps, cette manufacture a donné quelques benéfices: mais, d'une part, le local ayant été mal choisi et l'installation défectueuse; d'autre part, des faïenceries plus communes ayant été établies dans le pays, et, surtout, l'importation des produits anglais ayant porté un coup fatal à l'industrie locale, cette manufacture a dû cesser sa fabrication ; elle avait pour chef technique un italien qui a ormé plusieurs ouvriers qui travaillent aujourd'hui pour le public. « Cette citation, qui reproduit la seule mention qui ait été faite de la manufacture de Rato, explique les deux influences que l'on remarque dans les faïences qui figuraient à l'Exposition de 1882. Dans un grand nombre, c'est le décor bleu à lambrequins de Rouen qui s'y trouve reproduit, quelquefois avec assez de perfection pour qu'elles puissent être confondues au premier abord avec les faïences normandes, mais, le plus souvent, avec une incorrection de dessin et d'exécution et une insuffisance d'émail qui ne rappellent que de très loin les modèles qu'elles cherchaient à reproduire. C'est là, croyons-nous, la seule imitation qui ait été faite des *vaisselles qui venaient de France*, et ces faïences datent évidemment du commencement de la fabrication. Plus tard, l'influence d'un chef d'atelier italien se fait sentir dans des pièces dont l'émail est resté blanc, mais dont les formes sont à reliefs qui rappellent la céramique italienne de la fin du siècle dernier. Quelques pièces, entre autres des Statues, des Bustes et des Aiguières sont d'assez bonne fabrication; d'autres destinées sans doute au service d'un protecteur puissant sont réellement remarquables, mais sans grande originalité ; ce sont, en effet, pour la plupart, des surmoulages de pièces d'orfèvrerie d'origine française et probablement de l'Ecole de Germain; elles sont, du reste, fort rares. On y fabriquait également des faïences plus ordinaires à décor bleu sans beaucoup de caractère dont les trois pièces de la Collection Da Cunha pourront donner les types.

En résumé, la Manufacture du Rato n'occupe pas une place bien importante dans l'histoire de la céramique européenne; elle n'aurait pu subsister qu'à la condition d'occasionner des sacrifices continuels assez considérables que n'aurait compensés ni l'originalité de ses produits, ni la perfection de sa fabrication, et sa disparition n'est pas trop à regretter. Néanmoins, il nous a semblé utile de faire connaître le peu que nous avons appris sur son existence.

Les manufactures de porcelaine et de faïence n'avaient, du reste, au siècle dernier, aucune chance de prospérer en Portugal; les classes pauvres ne faisaient usage que de poteries grossières et la bourgeoisie se servait exclusivement de porcelaines de la Chine ou du Japon, dont l'importation avait été considérable et dont le prix était beaucoup moins élevé que celui des porcelaines européennes les plus ordinaires.

Il n'y a pas de pays, en effet, où les porcelaines orientales aient été aussi nombreuses qu'au Portugal; dans chaque maison, dans chaque famille, on conservait comme des souvenirs du temps lointain où les galiotes portugaises dictaient des lois aux contrées les plus éloignées de l'extrême Orient, des porcelaines qui rappelaient de glorieux ancêtres.

La plupart de ces porcelaines, il faut bien le dire, ont été importées à une époque relativement moderne et sont bien loin d'avoir l'ancienneté qui leur est attribuée par leurs possesseurs plus crédules qu'instruits, mais il ne faut pas oublier cependant que, dès l'année 1517, Fernando Perez d'Andrade, abordant en Chine comme ambassadeur, cherchait à y nouer des relations commerciales qui, après des tentatives plusieurs fois infructueuses et suivies, à deux reprises, de désastres incalculables qui ne lassèrent pas la ténacité des Portugais, aboutirent enfin à l'établissement des comptoirs de Macao. C'est de cette petite ile, aride et isolée, que, dans la dernière moitié du XVIe siècle, la porcelaine fut importée à Lisbonne et de là répandue en Europe, jusqu'au jour où les Hollandais prirent à leur tour le monopole du commerce avec l'Orient.

Ceci explique la grande quantité de porcelaines de l'époque des Ming, que possède la Collection de Ribeiro da Cunha et la qualité exceptionnelle de quelques-unes de ces pièces. Il serait trop long de les étudier ici en détail et le Catalogue contient à ce sujet toutes les indications qui peuvent intéresser les amateurs; nous nous bornerons à constater que tous les genres de fabrication et de décoration pratiqués en Chine sont représentés dans cette suite de cent quatre-vingt-dix numéros dont beaucoup comprennent jusqu'à dix, quinze et même vingt pièces. Ce sont d'abord les *blancs de Chine* représentant la déesse *Kouan-In*, la vierge bouddhique ou *Pou-Tai*, le dieu du contentement, à la face largement épanouie par le rire; les statuettes à peintures polychromes rehaussées d'or, les crabes, les poissons et les cygnes aux couleurs éclatantes, les têtes de sanglier aux longues défenses blanches, que les manufactures de Bruxelles et de Saint-Omer devaient copier en faïence; puis les tasses ou les écuelles en forme de fruits et parmi elles la rarissime grenade (n° 214), les plats aux riches marlis avec fonds de mosaïque coupés par des médaillons en réserve, les décors roses, les verts de cuivre aux reflets chatoyants, les *coquilles d'œufs*, si minces qu'il semble qu'un souffle doive les anéantir; viennent ensuite les sujets de figures dont les scènes sont empruntées à la vie familière, aux légendes héroïques ou aux romans, et les plats ornés de ces beaux bouquets de pivoines ou de chrysantèmes aux émaux éclatants et profonds.

Enfin, après la série des porcelaines japonaises qui renferme de très remarquables plats (nos 382, 385, 389, etc.)

et des pièces de service d'une qualité exceptionnelle, nous citerons une suite des plus intéressantes de ces pièces commandées pour les riches familles européennes et portant des armoiries où la science héraldique n'est pas toujours respectée, ou des copies de gravures reproduites avec une patience bien digne des Chinois, mais avec un dédain profond du dessin qui donne parfois d'étranges résultats : nous signalerons entre autres les n°s 417, 428 et 433 représentant *Mars et Vénus* et le *Jugement de Pâris*.

Telle est, en résumé, cette Collection si complète, qui renferme à côté de quelques œuvres d'un intérêt de premier ordre pour l'histoire générale de la céramique et dont la place est marquée dans nos musées, des pièces exceptionnellement belles et comme on en rencontre rarement dans les envois que nous font annuellement les étrangers.

Edouard GARNIER.

DÉSIGNATION

PORCELAINES EUROPÉENNES

Fabriques Françaises

XVIIIe ET XIXe SIÈCLES

SÈVRES

PORCELAINES TENDRES

1 — Service à café, composé de quatre Tasses avec Soucoupes, un Sucrier et un Pot à lait; fond *bleu de roi*, avec médaillons circulaires en réserve contenant des bouquets de fleurs et de fruits peints en couleurs; ornements et filets en or gravé.

Les pièces de ce service, d'une très belle qualité et d'un parfait état de conservation, ont été décorées par Boulanger, Buteux aîné et Taillandier, dont elles portent les marques; elles sont datées de 1777.

2 — Seau à rafraîchir; décoration polychrome et or; sur les deux faces, à la partie supérieure, une couronne de fleurs, de chaque côté de laquelle se trouve une frise à fond bleu lozangée, surmontée d'un double filet d'or gravé et ornemanisé; anses peintes en rose rehaussées de filets et d'ornements en or.

Cette belle pièce, datée de 1791, porte le monogramme de Charlot.

3 — Pot à pommade et son couvercle, décorés de bouquets isolés peints en couleurs; filets bleus et or.

Pièce datée de 1755 et décorée par Bardet.

Belle qualité.

4 — Pot à lait porté sur trois pieds; anses et pieds en forme de branches, d'où partent des rameaux fleuris venant s'épanouir en relief sur le corps du vase à leurs points d'insection; décor polychrome de bouquets détachés; filets bleus et or.

Daté de 1787 et décoré par Thévenet fils.

5 — Petit Service à thé, dit *Solitaire*, composé d'une Théière, d'une Tasse avec sa Soucoupe et d'un Sucrier, décoré de bouquets détachés peints en couleur, filets or à pois.

Daté de 1769.

Très belle qualité

PORCELAINES DURES

6 — Vase, de forme imitée de l'antique, avec anses à têtes de boucs; le collet, les anses et une partie du corps même du vase sont dorés en plein; sur la face antérieure, un sujet à encadrement rectangulaire, représentant un tigre attaquant des kanguroos; sur l'autre face, des oiseaux de diverses natures.

Marque : *Manufacture impériale, Sèvres*, 1807.

Haut 0,19.

7 — Vase *Médicis,* décoré en couleurs des attributs de la *Danse* et de la *Musique;* ornements de style grec et filets en or.

Daté de 1821.

Haut. 0,265.

8 — Deux Tasses carrées et leurs Soucoupes, ornées de guirlandes de fleurs, de vases et d'instruments de musique; bande rouge et filets or.

Datées de 1805.

BISCUITS DE PORCELAINE TENDRE

9 — Groupe composé de trois personnages et d'animaux.

Sur un tertre, au pied d'un chêne chargé de feuilles, un berger debout joue du flageolet et frappe sur un tambourin; une bergère assise, tenant un panier de provisions, offre un bouquet à une autre bergère debout au-dessus d'elle, qui lui montre une guirlande de fleurs; près de chaque personnage, un chien, un bélier, une brebis.

Groupe très important, d'une conservation parfaite et d'une délicatesse d'exécution remarquable.

Haut. 0,44

10 — Groupe représentant une jeune fille couronnée de roses et tenant, enchaîné par une guirlande de roses, un Amour auquel elle a pris son carquois. — Sur le socle est gravé en creux l'inscription suivante :

« *L'Amour captif de la Jeunesse.* »

Très belle qualité et conservation parfaite.

Haut. 0,30.

11 — Groupe faisant pendant au précédent et représentant une jeune fille conduite par un Amour, qui la tient enchaînée. Le socle porte en creux l'inscription :

« *La Jeunesse tourmentée par l'Amour.* »

Haut. 0,30.

12 — Autre Groupe représentant la *Sagesse conduisant l'Amour.*

Signé *Constant*, gravé en creux sous le socle.

Haut. 0,38.

13 — Jeune Nymphe offrant un cœur.

Très jolie statuette, signée en creux du monogramme L. B.

Haut. 0,35

14 — *Diane pleurant Adonis.*

Très belle statuette, d'une exécution remarquable.

Le petit doigt de la main droite est fracturé.

Haut. 0,29.

15 — *La petite Jardinière*, statuette.

Figurine dans le style de Boucher.

Très belle épreuve, bien conservée.

Haut. 0,17.

16 — *La petite Laitière*, statuette

Pendant de la précédente.

Haut. 0,17.

17 — *Bacchus*, statuette.

(Une réparation au bras droit).

Signée en creux, L. .

Haut. 0.22.

SAINT-CLOUD

PORCELAINE TENDRE

18 — Service composé d'un Sucrier, d'une Chocolatière, d'une Théière, de deux Tasses dites *trembleuses* et de leurs Soucoupes décorées en relief de branches fleuries, de style pseudo-chinois; le sucrier, la théière et la chocolatière ont des montures en argent, datant de l'époque de la fabrication.

Très belle qualité.

CHANTILLY

PORCELAINE TENDRE

19 — Petite Cafetière avec un bouquet en relief sur la panse.

Très belle porcelaine d'une pâte très pure.

20 — Assiette à bord festonné et à marli, avec reliefs dits *à grains d'orge;* décor polychrome : des bouquets détachés; filet rose.

PARIS

PORCELAINE DITE A LA REINE

21 — Grande Corbeille ovale azurée, décorée de pois bleus et roses, au fond de jetés de fleurs en polychrome.

Marque A couronné.

CLIGNANCOURT

PORCELAINE DITE DE MONSIEUR

22 — Tête-à-Tête composé de sept pièces, savoir : une Chocolatière, une Cafetière, un Sucrier, un Pot à lait, un Bol et deux Tasses avec leurs soucoupes, décorées en camaïeu noir de sujets variés, figures, moutons, oiseaux de basse-cour, etc. ; filets or.

Très belle qualité et conservation parfaite.

PARIS

MANUFACTURE DITE DU PETIT CARROUSEL

23 — Grande Verrière ovale à large frise circulaire, décorée d'une grecque verte mélangée de perles d'or et de coupes contenant des fleurs; anses carrées détachées; rehauts d'or.

Marque : P.
C. G.
Manufacture
.... du Petit Carrousel (?)

Haut. 0,15. Larg. 0,32.

PARIS

PORCELAINES DE LEDUC

24 — Sucrier rond à couvercle; anses et bouton détachés ornés de filets dorés. Cette pièce est décorée des armoiries du Roi de Portugal, Jean VI, et faisait partie d'un service commandé à Paris pour ce souverain.

Belle qualité.

NIEDERWILLER

25 — Assiette à bord festonné, décor de bluets, dit *à barbeau*.

Signée du monogramme couronné du comte de Custine DC.

Fabriques Allemandes

XVIIIe ET XIXe SIÈCLES

MEISSEN (SAXE)

26 — Groupe représentant *Colombine* et *Pantalon*; riche décor polychrome rehaussé d'or.

Pièce exceptionnelle.

Marque : les deux épées.

Haut. 0,17

1500

27 — Grand et beau Groupe composé de six personnages sur une terrasse, à ornements de rocaille en relief rehaussé d'or; sur un tertre, au pied d'un arbre, un joueur de cornemuse debout et une jeune fille assise jouant de la vielle, font danser un jeune homme et une jeune femme qui sont devant eux; au bas du tertre, du côté opposé, un jeune homme, debout, verse à boire à une jeune femme assise; riche décor polychrome rehaussé d'or.

(Dernière moitié du XVIIIe siècle).

Très belle qualité et parfaitement en bon état.

Haut. 0,37.

28 — Encrier formé par une terrasse à pied, orné de rinceaux de rocaille en relief, peints en rose, en vert et en or; les trois plateaux destinés à recevoir les godets à encre et à poudre, sont également entourés de rocailles de même style; au milieu, un groupe formé par un personnage en costume pseudo-chinois, assis à la mode orientale sur un coussin vert à glands dorés, et par une femme légèrement vêtue, qui, debout derrière lui, tient un éventail de la main droite; riche décoration polychrome rehaussée d'or.

Marque : les deux épées.

Très belle qualité et conservation parfaite.

Haut. 0,25. Larg. 0,35.

29 — Deux Groupes de quatre enfants, sacrifiant à l'autel de l'Amour; terrasse ronde ornée en relief d'ornements de rocaille dorés; décor polychrome.

Marque : les deux épées.

Haut. 0,09.

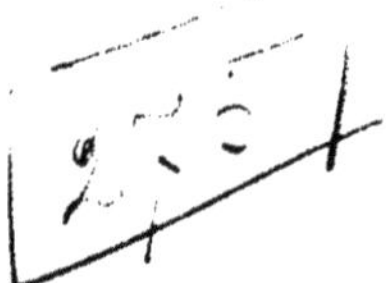

30 — Statuette représentant une jeune femme dansant; son costume est richement peint et rehaussé d'or; sur la terrasse, des fleurs et des ornements en relief peints et dorés.

Marque : les deux épées.

Très belle et très élégante statuette.

Haut. 0,20.

31 — Groupe allégorique : un petit Génie ailé, le bras droit appuyé sur un fût de colonne cannelée, auquel est suspendu un médaillon ovale, représentant, de profil, un personnage couronné de laurier, tient une couronne au-dessus d'un enfant vêtu d'une cuirasse et dont le genou droit est appuyé sur les boucliers des vaincus; sur la terrasse, des fleurs, des feuillages et des ornements de rocaille en relief peints et dorés.

Époque Louis XV.

Haut. 0,22.

32 — Statuette représentant un jardinier portant des paniers de fleurs.

Haut. 0,14.

33 — Statuette faisant pendant à la précédente et représentant une jeune fille tenant un panier de fleurs et présentant un bouquet.

Haut. 0,14.

Ces deux jolies statuettes sont ornées de dentelles dorées : la terrasse de la première, porte des reliefs dorés

Fin du XVIIIe siècle.

34 — Statuette représentant *Colombine*.

Haut. 0,12.

35 — Statuette faisant pendant à la précédente et représentant *Pantalon*.

Haut. 0,12.

Ces deux jolies statuettes, d'une finesse d'exécution remarquable, sont richement décorées.

36 — Groupe de trois personnages suspendant à un vase, peint en vert rehaussé d'or, des guirlandes de fleurs; décoration polychrome.

Marque : deux épées et une étoile (époque de Marcolini).

Haut. 0,23.

37 — Même Groupe; le vase est peint en vert et les vêtements des personnages sont décorés autrement que ceux du groupe précédent.

Même époque.

Haut. 0,23.

38 — Autre Groupe, semblable au précédent.

Même époque.

Haut. 0,23.

39 — Même Groupe; le vase est peint rose.

Même époque

Haut. 0,23.

40 — Encrier formé par un jeune garçon chinois assis et présentant de la main droite un vase; la robe, à fond jaune pâle, est ornée de bouquets roses rehaussés d'or.

Fin du XVIIIe siècle.

Haut. 0,09.

41 — Statuette représentant une femme coiffée de noir et portant une hotte; terrasse à fleurs en relief; décoration polychrome.

Marque : les deux épées.

Haut. 0,12.

42 — Statuette représentant *Hercule* debout, appuyé sur sa massue; peinture polychrome.

Marque : les deux épées.

Très belle qualité.

Haut. 0,115.

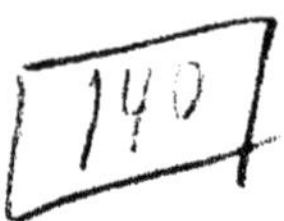

43 — Statuette représentant *Mercure*, assis sur un nuage, tenant le caducée et la bourse; décoration polychrome.

Marque : les deux épées.

Haut. 0,17.

44 — Deux Statuettes, *Amours* en costume Louis XV.

La jeune femme offrant des dragées dans une boîte dorée.

Époque de 1774 à 1800.

Haut. 0,08.

45 — Statuette représentant un *Nègre* coiffé de plumes, et s'éventant; son manteau est peint en violet; la terrasse est décorée de fleurs en relief rehausées d'or.

Marque : les deux épées.

Haut. 0,13.

46 — Statuette représentant un enfant nu assis sur un tronc d'arbre, et soutenant sur le genou droit un vase décoré d'un bouquet en camaïeu violet; décoration polychrome.

Marque : les deux épées.

Haut. 0,08.

47 — Statuette représentant un Jeune Garçon portant un panier et tenant un petit moulin à vent; terrasse à reliefs dorés; décoration polychrome.

Marque : les deux épées.

Haut. 0,11.

48 — Le *Cymbaliste*.

Statuette biscuit.

Reproduction de l'antique du Musée de Naples.

Haut. 0,25.

49 — *Melpomène*.

Statuette biscuit.

Pendant du numéro précédent.

Haut. 0,25.

50 — Statuette représentant un jeune Chasseur sonnant de la trompe; il est vêtu d'un costume richement décoré.

Fin du XVIIIe siècle.

Haut. 0,13.

51 — Statuette représentant un jeune Berger portant un coq; décoration polychrome; terrasse à reliefs dorés.

Même époque.

Haut. 0,14.

52 — Statuette représentant une Marchande de fleurs vêtue d'un riche costume Louis XV, et portant une corbeille ajourée garnie de fleurs; décoration polychrome.

Même époque

Haut. 0,14.

53 — Statuette représentant un jeune Berger assis sur un tronc d'arbre et jouant du flageolet; décoration polychrome; terrasse à reliefs dorés.

Même époque.

Haut. 0,11.

54 — Statuette représentant un jeune Enfant nu frappant une clochette; décoration polychrome.

Marque : les deux épées.

Haut. 0,09.

55 — Statuette représentant l'*Amour perruquier;* décoration polychrome.

Fin du XVIIIe siècle.

Jolie statuette, d'une exécution soignée.

Haut. 0,09.

56 — Statuette représentant un jeune Garçon jardinier taillant un arbre; décoration polychrome.

Même époque.

Haut. 0,12.

57 — Statuette représentant une Fillette qui danse en tenant un verre; terrasse à reliefs dorés; décoration polychrome.

Même époque.

Haut. 0,11.

58 — Statuette représentant une Chanteuse en costume Louis XV; décoration polychrome.

Marque : les deux épées.

Haut. 0,093.

59 — Groupe représentant une Chienne et un petit Chien; décoration polychrome.

Marque : les deux épées.

Haut. 0,18.

60 — Chien dogue assis; décoration polychrome.

Marque : les deux épées.

Haut. 0,17.

61 — Perroquet debout sur un rocher blanc, orné de branches et feuilles; décoration polychrome.

Haut. 0,21.

62 — Oiseau debout sur un tronc d'arbre avec champignons et branchages; décoration polychrome.

Haut. 0,14.

63 — Oiseau debout sur un tronc d'arbre décoration polychrome.

Pendant du précédent.

Haut. 0,14.

64 — Deux Flambeaux à ornements de rocailles en relief doré; décoration polychrome de bouquets isolés.

Fin du XVIIIe siècle.

Haut 0,175

65 — Deux Seaux à oreillons et coquilles à reliefs de rocaille; décoration polychrome de bouquets isolés.

Même période.

Haut. 0,13.

66 — Grand Seau à rafraîchir, forme Louis XV, à reliefs de rocaille en blanc; décoration polychrome de bouquets isolés.

Marque : les deux épées.

67 — Deux petits Cache-Pots à branchages et masques en relief, plantes sortant des vases; décor polychrome.

Fin du XVIIIe siècle.

68 — Cache-Pot quadrangulaire évasé, avec reliefs de rocaille et de fleurettes; décoration polychrome de bouquets isolés.

Marque : les deux épées.

69 — Vase contenant une plante fleurie. Le vase orné de masques et branchages en relief, à décor d'insectes polychromes; rehauts d'or.

1774-1800.

Haut. 0,18.

70 — Service de table, de style Louis XV, à bords festonnés; sur le marli, à bordure en bleu dégradé, des réserves à encadrement en relief doré, contenant des bouquets; au centre, des fruits, des fleurs et des légumes: décoration polychrome.

Ce Service, d'une exécution remarquable, comprend : quarante-six Assiettes plates, douze Assiettes creuses, deux Plats ronds, deux Soupières ovales et leurs Plateaux; deux Plats ronds, deux Écuelles rondes, deux Saladiers, deux Verrières, deux Moutardiers. En tout, soixante-douze Pièces en très bon état.

Fin du XVIIIe siècle.

71 — Seau à rafraîchir, ayant fait probablement partie du service précédent, dont il porte la décoration.

Même époque.

72 — Quatre Corbeilles ajourées, de style Louis XV, décorées en relief, de fleurs; anses détachées; au centre, des réserves de bouquets; décoration polychrome rehaussée d'or.

1774-1800.

73 — Deux Corbeilles, de forme cylindrique surbaissée, à couvercles bombés; sur tout le pourtour et sur les couvercles, une galerie de balustres découpés à jour, avec encadrement en relief, cerné par des filets d'or; cette galerie est coupée par des médaillons pleins, décorés de bouquets de fleurs variés: sur les couvercles, des châtaignes en guise de boutons; décoration polychrome; autour de chacun des couvercles, un ruban vert roulé sur un jonc doré.

Haut. 0,16. Diamètre 0,16.

Même époque.

74 — Très joli Vase Louis XVI, à têtes de béliers dorées, supportant des guirlandes de feuilles de chêne modelées en relief et peintes ; le corps du vase, l'épaulement et le couvercle sont décorés de bouquets peints en couleurs ; le culot et le pied sont ornés de rubans en relief, de godrons et de cannelures peints et dorés.

Haut. 0,26.

75 — Tête-à-Tête composé d'un Plateau, d'un Pot à lait, d'une Cafetière, d'un Bol et de deux Tasses avec leurs Soucoupes : décoration polychrome de sujets de figures imités de Téniers.

Fin du XVIIIe siècle.

(Le plateau a été réparé).

76 — Deux Raviers en forme de coquilles, décorés d'une bordure treillissée sur fond jaune ; au fond, des bouquets détachés en camaïeu pourpre ; filets or.

Très belle qualité.

77 — Cinq Assiettes à marli ajouré imitant la vannerie; dans le bassin, des bouquets détachés, des fruits et des oiseaux; décoration polychrome avec rehauts et filets d'or.

Marque : les deux épées.

78 — Boîte à thé (époque Louis XV), de forme rectangulaire, à sommet arrondi; décor polychrome de fleurs détachées, avec lambrequins à écailles bleues bordés d'ornements en or; sur les quatre faces, des jeux d'Amours.

79 — Quatre Assiettes à marli ajouré imitant la vannerie; dans le bassin, des bouquets détachés; décoration polychrome.

80 — Quatre Assiettes, dont deux à filets or, une à filet rose, et l'autre blanche; sur le marli, à reliefs imitant la vannerie et dans le bassin, des fleurs et des bouquets détachés; décoration polychrome.

Marque : les deux épées.

81 — Chocolatière décorée de personnages en costume Louis XV, sous des berceaux enguirlandés de fleurs.

Marque : les deux épées.

Très belle pièce, bien conservée.

82 — Trois Assiettes à marlis en relief imitant la vannerie; au centre du bassin, un bouquet peint; décoration polychrome et filets or.

Marque : les deux épées.

83 — Deux Raviers, en forme de coquilles, décorés d'une bordure à damier rouge et or; au fond, des bouquets isolés peints en camaïeu violet foncé et des feuillages en or gravé.

Marque : les deux épées.

84 Deux Raviers en forme de coquilles, décorés d'une bordure à damier vert et filets or; au centre, des bouquets détachés peints en couleur.

Très belle qualité, forme très élégante.

Marque : les deux épées.

85 — Deux Plateaux ronds à bords festonnés et à parties ajourées, à reliefs extérieurs, décorés au centre de fleurs et insectes.

Marque : les deux épées.

Diamètre 0,195.

86 — Écuelle couverte et son plateau, à reliefs imitant la vannerie; décoration polychrome de bouquets détachés; le bouton du couvercle est orné de fleurs en relief.

Fin du XVIIIe siècle.

87 — Petit Service à thé, composé d'une Théière, d'un Pot à lait et de quatre Tasses avec soucoupes; décoration polychrome de fleurs peintes.

Fin du XVIIIe siècle.

88 — Deux Raviers en forme de double feuille, à nervures en relief; décoration polychrome de bouquets détachés; filets or.

Belle qualité.

Marque : les deux épées.

89 — Deux Soucoupes décorées de personnages en costume pseudo-chinois, dans un encadrement doré; sur le marli, des ornements en or.

Marques : sur une des soucoupes, les deux épées et le chiffre 13; sur l'autre, un R en or.

Très belle qualité.

90 — Six Tasses et leurs Soucoupes, une Chocolatière et un Pot à lait, décorés de bouquets peints en camaïeu violet.

Marque : les deux épées et la lettre R.

91 — Tasse dite *trembleuse* et sa Soucoupe, émail brun-foncé décoré en or de branchages, d'oiseaux, et, au fond de la tasse, d'une femme tenant un éventail.

Fabrication de Böttger.

92 — Deux Assiettes à bords festonnés, légèrement relevés; décoration polychrome de bouquets détachés; filets or.

Belle qualité.

Marque : les deux épées.

93 — Deux Assiettes à marli treillagé et à rocailles en relief; décoration polychrome de bouquets détachés.

Très belle qualité

Marque : les deux épées.

94 — Tasse ronde et sa Soucoupe à bordure rose piquetée et encadrée or; décor de paysages.

Fin du XVIIIe siècle.

95 — Trois Tasses et leurs Soucoupes, avec frises circulaires en relief imitant la vannerie; décoration polychrome de fleurs et de fruits.

Fin du XVIIIe siècle.

96 — Quatre Salières, forme tasse, sur gaine triangulaire.

Décor et façon analogues au numéro précédent.

1774-1816.

97 — Quatre petites Salières en forme de coquilles, montées sur trois pieds; décoration analogue à celle du numéro précédent.

Fin du XVIIIe siècle.

98 — Sucrier à fond vert d'eau, avec réserves décorées de bouquets peints en couleurs; les pieds et l'anse sont ornés de fleurs en relief.

Marque : les deux épées.

99 — Sucrier en forme de coing, avec couvercle orné d'une branche de fleurs en relief; décoration polychrome de bouquets détachés.

Fin du XVIIIe siècle.

100 — Deux Tasses avec leurs Soucoupes et une Cafetière, décorées de bouquets détachés, peints en camaïeu violet.

Fin du xviiie siècle.

101 — Assiette à marli festonné, décorée, en relief, de couronnes de fleurs et de bouquets; dans le bassin et sur le marli, des bouquets détachés, peints en couleurs.

Fin du xviiie siècle.

102 — Tasse de forme évasée, à fond blanc; filets et palmes dorés; sur la face antérieure, une tête de Christ.

Époque du Consulat.

103 — Assiette à bord festonné; décoration polychrome; des bouquets détachés et des branches vertes reliées par un ruban rose: filet or.

Marque : les deux épées.

104 — Tasse à bord festonné et à relief dit à *grain d'orge;* sur le pourtour, des marines dans des encadrements dorés.

Très belle qualité.

Marque : les deux épées.

105 — Assiette à bord contourné, forme Louis XV; sur le marli, un ruban rose autour duquel court une guirlande de liserons et de fleurs peintes au naturel.

Marque : les deux épées.

106 — Assiette à bord festonné et à marli en relief imitant la vannerie; décoration polychrome de fleurs et papillons de style pseudo-chinois.

Marque : les deux épées.

107 — Tasse et sa Soucoupe à bord festonné; décoration polychrome de bouquets détachés; filets or.

Marque : les deux épées.

108 — Bol à décoration polychrome de bouquets détachés.

Marque : les deux épées et une étoile. — Époque de Marcolini.

109 — Assiette à décor dit *barbeau;* filet or.

Marque : les deux épées.

110 — Assiette décorée d'une couronne et d'un semé de bluets.

Marque : les deux épées.

111 — Plat rond à bords festonnés en reliefs, ornements et fleurs, marli doré.

Époque de 1830.

LUDWIGSBURG

112 — Jeune Femme se versant du thé. — Près d'un guéridon supporté par trois dauphins et posé sur un tapis vert à frange dorée, une jeune femme en costume du matin, assise sur un tabouret et appuyée contre la table, se verse du thé; à côté d'elle est couché un petit chien; la jupe est richement ornée de bouquets roses rehaussés d'or; la chemise, ornée de dentelles, est entr'ouverte et laisse voir les épaules et la poitrine.

La délicatesse et la parfaite exécution de cette pièce permettent de la considérer comme supérieure aux plus beaux produits de la Saxe.

Haut. 0,21.

113 — Le *Violoniste*. — Assis sur un tabouret, un jeune homme, en négligé du matin, appuyé sur un pupitre à tête de chérubin, joue du violon; à ses pieds, un chapeau, des cahiers de musique et une pantoufle.

Pendant du numéro précédent.

Haut. 0,22.

VIENNE

114 — Deux grands Vases de forme ovoïde; anses à rotules s'insérant au-dessus de masques en relief; sur la face antérieure des médaillons ovales à fond noir, sur lesquels se détachent les figures allégoriques de la *Danse* et de la *Musique*; feuilles d'acanthe, guirlandes, ornements et filets en or gravé, mat et bruni.

Commencement du XIXe siècle. — Très beau décor fabrication et exécution exceptionnelles.

Haut. 0,56.

115 — Statuette en biscuit, représentant *Hercule* debout, appuyé contre un tronc d'arbre et tenant sa massue de la main droite.

Fracture à l'avant-bras droit.

Haut. 0,39.

116 — Théière décorée de paysages peints en camaïeu rose; filets or.

Fin du XVIIIe siècle.

117 — Deux Assiettes à décoration polychrome de bouquets détachés; filets verts.

118 — Autre Assiette à décor dit *barbeau*.

BERLIN

119 — Tasse ronde à anses détachées et ornements en relief, décorée de sujets champêtres; près du bord, une bande bleue simulant des écailles.

Très belle qualité.

FURSTENBERG

120 — Une Cafetière, un Pot à lait et quatre Tasses cylindriques et leurs Soucoupes, décorés en camaïeu bistre, de médaillons rectangulaires à encadrements dorés, représentant des enfants et des animaux; filets or.

HÖCHST-SUR-LE-MEIN

121 — Statuette représentant un Amour vêtu d'un manteau et la tête couverte d'une fanchon, il porte un sac au bras droit, et tient un éventail de la main gauche; décoration polychrome.

Sur la hanche droite, cinq points noirs qui semblent être la marque du décorateur.

Haut. 0,10.

NYMPHENBURG

122 — Beurrier couvert, à bord contourné; décoration polychrome de fleurs détachées et de quatre paysages variés; filets or.

Pièce admirablement décorée et d'une très belle exécution.

Larg. 0,27.

FABRIQUES

Anglaises, Hollandaises, Espagnoles Portugaises, Italiennes, etc.

XVIIIe SIÈCLE

CHELSEA

123 — Jeune Homme debout ouvrant un coffret; il est vêtu d'un riche costume Louis XV, avec gilet à plumes de paon; terrasse à ornements en relief dorés, buisson de fleurs en relief et chien assis à ses pieds: décor polychrome et or.

Superbe qualité, conservation parfaite.

Marque : une ancre dorée.

Haut. 0.23.

124 — Jeune Femme debout ouvrant une boite à épingles; riche costume, décor polychrome et or; buisson de fleurs en relief, chien, terrasse ornée de fleurs et ornements en relief dorés.

Même qualité et pendant du précédent.

Haut. 0.23.

125 — Statuette représentant *Mercure* debout, sur un nuage; il tient un caducée de la main gauche, et, de la droite, une bourse; décor polychrome.

Haut. 0,35.

126 — Statuette représentant un garçon jardinier offrant des fleurs; décoration polychrome.

Haut. 0,15.

127 — Statuette représentant une jeune Fille; décoration polychrome.

Pendant du numéro précédent.

Haut. 0,15.

128 — Petit Groupe représentant une jeune Fille habillant un chat; décoration polychrome rehaussée d'or.

Haut. 0,14.

129 — Statuette représentant une Marchande de fleurs assise, tenant un panier et offrant des fleurs; décoration polychrome.

Haut. 0,13.

130 — Deux Statuettes représentant un Cerf et une Biche couchés au pied d'un buisson orné de fleurs; décoration polychrome.

Ces deux pièces forment pendants.

Haut. 0,11.

131 — Statuette représentant un Mouton paissant; décoration polychrome.

Haut. 0,08.

WORCESTER

132 — Deux Assiettes plates, six Assiettes à dessert, six Tasses et leurs Soucoupes.

Marques : Chamberlains.

LONGPORT

133 — Assiette à bord décoré d'ornements ajourés et dorés; sur le marli, des caissons bleus à rehauts d'or; au centre, un paysage; décoration polychrome.

Marque : Dawenport.

—

DERBY

PORCELAINE TENDRE

134 — Six Tasses sans soucoupes, à zone supérieure bleue, décorées de feuillages et guirlandes en or et de fleurettes blanches; le culot hermine or.

135 — Assiette à marli décoré de feuilles rouges, vertes et or; au centre, dans un médaillon circulaire, un paysage du comté de Kent; filets dorés.

136 — Compotier à filets or et bleu, avec liserons de feuillages d'or, courant autour des filets bleus.

137 — Compotier à godrons en relief; filets concentriques vert et or.

HANLEY

138 — Service à thé, composé de douze Tasses et leurs Soucoupes, d'un Sucrier, d'un Pot à lait et d'une Théière; fonds bleu uni, décorés en relief d'Amours jouant avec des animaux, d'enfants et de sujets empruntés aux Fables de La Fontaine.

Marque : Neale and Co (1778-1787).

Très belle imitation de Wedgwood.

BURSLEM (Wedgwood)

139 — Vase ovoïde à relief imitant la vannerie, composé de bandes perpendiculaires bleues, traversées par des tresses vertes; sur la gorge et au culot, des palmettes et des feuillages ornemanisés en relief blanc.

Marque : Wedgwood.

Très belle pièce, d'une exécution et d'une conservation exceptionnelles.

140 — Théière en terre noire striée; la panse lisse est ornée d'un cep de vigne s'enroulant autour d'une ceinture en argent; le couvercle est surmonté d'un chien couché.

WORCESTER

141 — Assiette à bord festonné semé de roses au naturel.

CHELSEA

142 — Statuette représentant *Cléopâtre;* décoration polychrome.

La tête est recollée.

143 — Statuette représentant une Femme appuyée près d'une urne et pleurant; décoration polychrome.

144 — Statuette représentant une jeune Fille présentant une corbeille de pommes; décoration polychrome.

LEEDS

FAIENCE FINE

145 — *Ménagère* à bande ajourée, avec cinq flacons à épices; émail œuf d'autruche.

146 — Deux Corbeilles avec plateaux et couvercles à relief ajourés imitant la vannerie tressée; anses torses détachées; émail œuf d'autruche.

Les poignées des couvercles sont recollées.

147 — Soupière en forme de pastèque posée sur une feuille; émail œuf d'autruche.

18 —

STOKE-UPON-TRENT

148 — Cinq Assiettes dont le marli et une partie du fond vert-pois est orné de fleurs.

Marque : Spode.

FABRIQUE INCONNUE

149 — Petit Vase Médicis, à anses de chimères ailées, décorées de noir; au centre, des bandes à fond bleu-verdâtre, ornées de réserves; décoration de style persan.

Commencement du XIXe siècle.

Ce vase est signé : Vol...

WEDGWOOD (Faience de)

150 — Paire de Vases à pâte marbrée de différents tons.

Les anses ont été fracturées

Époque Louis XVI.

Haut. 0.35

BUEN-RETIRO

PORCELAINE TENDRE

151 — Deux Seaux à rafraîchir, de forme évasée, à anses formées par une branche de rosier à feuilles et fleurs en relief peint; décoration polychrome de fleurs et de feuillages avec rehauts d'or.

Marque : une fleur de lys en bleu.

Haut. 0.17.

CAPO-DI-MONTE

PATE TENDRE

152 — Grand et important Groupe de neuf personnages, représentant une scène tirée d'une pièce de la *Comédie italienne;* la terrasse est ornée de plantes en relief; décoration polychrome.

Très belle qualité.

Marque : une fleur de lys.

Haut. 0,29.

153 — Tasse à anse formée par des branches d'arbres ornées de feuilles en relief à ses points d'insertion, et sa Soucoupe; sur la tasse, des sujets en relief peints représentant le *Jugement de Pâris* et le *Char de Neptune;* sur la soucoupe, quatre médaillons de rocaille en relief, reliés par des guirlandes de fleurs également en relief; décoration polychrome rehaussée d'or.

Très belle qualité.

154 — Flacon à odeurs en forme de gaîne simulant une fontaine d'où s'échappe du vin recueilli par un enfant; un autre enfant, le regardant, semble désirer prendre sa place; le bouchon du flacon représente le buste de Bacchus; au pied, l'inscription : *Contentons nos désirs.*

Décor polychrome.

Monture en or ciselé.

Qualité superbe.

Pièce exceptionnelle.

155 — Statuette représentant une jeune Femme en costume Louis XV, chantant, en lisant un cahier de musique; décoration polychrome.

Haut. 0,15.

156 — Statuette représentant un jeune Homme en costume Louis XVI, jouant du violon, décoration polychrome.

Pendant du numéro précédent.

Haut. 0,15

157 — Statuette représentant une jeune Fille jouant du violoncelle; décoration polychrome.

Haut. 0,13.

158 — Statuette représentant un jeune Homme en costume Louis XVI, debout, jouant de la flûte; décoration polychrome.

Haut. 0,14.

159 — Statuette représentant une jeune Femme en costume Louis XVI, tenant un morceau de musique et chantant; décoration polychrome.

Haut. 0,14.

160 — Statuette représentant un jeune Homme debout et jouant du violon; il est vêtu d'un costume Louis XVI rouge à revers verts.

Haut. 0,15.

161 — Statuette représentant une jeune Fille jouant du violoncelle; décoration polychrome.

Haut. 0,13.

162 — Statuette représentant une jeune Femme en costume Louis XV, chantant et s'accompagnant sur la mandoline; décor polychrome.

Haut. 0,14.

163 — Statuette blanche représentant une Marchande de fruits.

Haut. 0,14.

164 — Statuette blanche représentant une Marchande de fleurs.

Haut. 0,15.

165 — Statuette blanche représentant un Marchand de verroteries.

Haut. 0,14.

166 — Statuette blanche representant un Marchand d'eau.

Haut. 0,10.

COPENHAGUE

167 — Deux Compotiers décorés à l'intérieur de bouquets, et, à l'extérieur, d'encadrements en relief peints en vert, et stries torsées Louis XV.

168 — Tasse droite, forme Empire, avec anses détachées; dorure intérieure et extérieure gravée; des attributs sur fond bleu; sur la face principale, des raisins et des pêches.

WEESP (Hollande)

169 — Bol décoré de bouquets détachés peints en couleurs.

Diamètre 0,17

LIMBACH (1770)

170 — Paire de Flambeaux forme Louis XV, à huit pans, décorés de zones de fleurs en rouge et or; le pied est orné en relief de chaque côté d'un écusson surmonté d'une couronne à cinq pointes et décoré d'oiseaux et ornements figurant un dragon.

Décor pseudo-chinois.

Haut. 0.25.

Faïences étrangères

ALCORA

171 — Très beau Plat rond à décoration polychrome; au centre, un gentilhomme en riche costume Louis XV, offre des dragées à une dame; près d'eux, un chien et des grotesques dans le style de Callot.

Très belle qualité.

Fêlure.

Diamètre, 0.40

172 — Plat rond à décoration polychrome, dans le style de Callot; au centre, un personnage grotesque parle à un prince indien, près duquel se trouve un oiseau fantastique.

Très belle qualité.

Diamètre, o,39.

173 — Grand Plat ovale, à bord festonné, décoré sur le marli de mascarons et d'ornements dans le style de Bérain; au centre, une rosace ovale entourée de culots de feuille d'acanthe; camaïeu jaune.

Époque Louis XV.

Larg. o,53.

174 — Grande Soupière à anses et poignée de rocaille, décorée d'arabesques et de médaillons avec fleurs en vert jaune, dessiné de manganèse.

Cette soupière a été réparée.

175 — Plat rond à bord festonné; décoration polychrome chargée de fleurs, laissant au centre une réserve contenant une branche de fleurs et de feuillages; filet jaune.

Marque : G. B.

Diamètre, 0,28.

FAIENCE PORTUGAISE ou ESPAGNOLE

176 — Plat, forme Louis XV, contourné et godronné, décoré à l'intérieur d'un marli à lambrequins; au centre, un personnage dans un paysage portant un parasol; décor bleu à l'extérieur; des taches de différents tons entourent le nom Briozo.

Diamètre, 0,275.

DELFT

177 — Grand Plat ovale godronné; décor polychrome rayonnant très chargé; au centre, des fleurs, des oiseaux et un rocher.

Très belle qualité.

Signé du monogramme d'Adrien Pynacker.

Larg 0,40

178 — Deux Cornets à huit pans et à couvercles; décor bleu de style chinois.

Haut. 0,38.

HISPANO-MAURESQUES (Faïences)

179 — Plat creux à ombilic; le marli et le bassin à médaillons encadrés de bleu; les feuillages et l'ombilic à reflets mordorés.

Très belle qualité.

180 — Beau Plat à reflets mordorés; le marli est orné de godrons concentriques, et l'ombilic est entouré de quatre zones de décors différents; filets bleus.

Fêlure.

Très belle qualité

Diamètre, 0,39.

181 — Plat rond à ombilic; le marli avec plans et feuilles en creux; décor à reflets mordorés.

Réparé.

Diamètre, 0,40.

182 — Plat creux à ombilic, décoré de branches peintes en bleu alternant avec des oiseaux aux ailes éployées; l'ombilic est à godrons bleus et mordorés.

Beaux reflets mordorés.

MARIEBERG, PRÈS STOCKHOLM

183 — Deux grands Vases ovoïdes, à anses détachées, avec grappes de raisins en relief; le couvercle est surmonté d'un artichaut en relief; décoration polychrome imitant le marbre brèche.

L'un de ces vases a été réparé au pied.

Haut. 0.50.

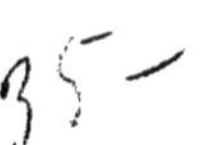

184 — Beurrier en forme de canard; décoration polychrome.

Très jolie pièce d'un très bel émail.

Haut. 0,16.

RATO (Portugal)

185 — Plat ovale décoré en bleu; sur le marli, quatre bouquets détachés et un filet d'anneaux formant une chaîne.

Marque : F. R.

Long. 0,36.

186 — Plat ovale, à décor bleu; sur le marli, une bordure de rinceaux; dans le bassin, des fleurs.

Marque : F. R.

Long. 0,29.

187 — Assiette à décor bleu; sur le marli et dans le bassin, des bouquets détachés.

Marque : D. D.

Diamètre, 0,23.

SAVONE

188 — Grand Plat à bord festonné, chargé d'ornements en relief; décor plein en camaïeu bleu, représentant un sujet mythologique; au revers, des rinceaux avec le mot Savone surmonté d'une couronne.

Diamètre 0,43

189 — Coupe à piédouche, décorée en camaïeu bleu de paysages avec ruines, et nombreux personnages en costumes Louis XV; au revers, la marque de SAVONE surmontée de la couronne.

Très belle qualité.

TALAVERA

190 — Grande Coupe décorée en camaïeu bleu; à l'intérieur, des sujets de chasse au lion, au cerf, au sanglier; au fond, un homme et une femme pêchant à la ligne; sur un cartouche porté par deux Amours, l'inscription :

Soi de Senor Don Joseph Escalada.

XVIIe siècle.

Diamètre, 0,50.

191 — Lion couché sur une terrasse à gorge blanche; décoration polychrome.

Signé du monogramme A et marqué des n°s 6 et 1.

Haut. 0,27. Larg. 0,29.

192 — Perdrix debout sur une terrasse ronde; décoration polychrome; terrasse blanche à filets jaune et bleu.

Monogramme A, nos 11-1.

Haut. 0,18.

PORCELAINES ANCIENNES

DE LA CHINE

Époques des Ming, de Kang-Hi et de Kien-Long

1re ET 2e PÉRIODES

193 — Groupe composé de deux Enfants à la figure épanouie; tenant, l'un, une fleur de nélumbo; l'autre, un bol contenant une pêche de longévité; décoration polychrome rehaussée d'or.

Époque de Kang-Hi.

Haut. 0,29

194 — Groupe semblable au précédent, avec des différences de coloration dans les costumes.

Haut. 0.29.

195 — Groupe de personnages sous un rocher, porcelaine blanche; vingt statuettes représentant l'apothéose de Kouan en vierge bouddhique.

Haut. 0.23.

196 — Autre Groupe analogue au précédent, mais dont les personnages inférieurs ne sont pas accompagnés du chien de Fo.

Haut. 0.23.

197 — Déesse de la Virginité assise sur des fleurs de nélumbo; près d'elle, la colombe en blanc.

Haut. 0.245.

198 — Autre Déesse pareille.

Haut. 0,245.

199 Autre Déesse pareille.

Haut. 0,245.

200 — Autre Déesse pareille.

Haut. 0,245.

201 — Statuette en porcelaine blanche représentant *Pou-Taï*, le Dieu du Contentement, assis et tenant la pèche de longévité.

Haut. 0,15.

202 — Statuette semblable à la précédente.

Haut. 0,15.

203 — Éléphant debout, peint en gris; il porte sur le dos un tapis à riche décoration polychrome rehaussée d'or.

Haut 0,20. Long 0,325.

204 — Crabe sur une feuille de lotus; émail vert d'eau soufflé, yeux peints en noir; sur le dos, formant couvercle, un coquillage peint et doré.

Époque de Kien-Long.

205 — Grand Poisson à extrémités relevées; écailles et nageoires en relief; décor rouge rehaussé d'or.

Le couvercle, surmonté d'un petit poisson, a été réparé.

Époque de Kien-Long.

Long. 0,46.

206 — Soupière en forme de cygne au plumage et aux ailes moulés en relief; décoration polychrome rehaussée d'or.

Époque de Kien-Long.

Haut. 0,34.

207 — Deux Porte-Bouquets formés chacun par un petit vase, près duquel se tient debout, sur une terrasse percée de trous, un perroquet au brillant plumage; décoration polychrome.

Les vases supportés sur les terrasses sont en faïence émaillée.

208 — Deux Chimères assises, la patte antérieure droite posée sur un globe ajouré; près de chacune d'elles, un porte-pinceau ou *pi-tong* chargé de caractères; sur le socle, des Fong-hoang et des fleurs en relief; émail flambé gris et vert.

Haut. 0,36.

209 — Deux Chimères assises sur des terrasses ajourées; émail gris jaspé de manganèse, de vert et de jaune.

Époque des Ming.

210 — Deux Chimères, semblables aux précédentes.

L'une d'elles a la patte antérieure gauche fracturée.

Même époque; très belle qualité

211 — Grande Soupière en forme de tête de sanglier modelée en relief; la bouche entr'ouverte laisse voir les dents, les défenses et la langue; peinture polychrome.

Haut. 0,28. Long. 0,38

212 — Autre Soupière, de même forme; peinture d'un ton un peu moins foncé que sur la pièce précédente.

Haut. 0,28. Long. 0,38.

213 — Petit Légumier (?) en forme de perdrix; à la partie inférieure, une branche de feuillages en relief; décoration polychrome rehaussée d'or.

Époque de Kien-Long.

214 — Écuelle couverte, formée par une grenade, avec plateau à marli godronné; décor bleu rehaussé d'or; sur la partie inférieure du fruit et sur le plateau, des paysages avec pagodes, arbres, etc.; sur le couvercle, trois grenades ouvertes et peintes en rouge, avec feuillages et branche en relief doré formant anse surélevée; surface rugueuse imitant la granulation du fruit naturel.

Pièce d'une grande rareté et d'une qualité exceptionnelle.

Époque de Kang-Hi.

215 — Écuelle (?) couverte formée par une grenade peinte en rouge avec des taches noires et rehaussée d'or; la partie supérieure du couvercle est modelée en relief, de façon à imiter l'enveloppe entr'ouverte du fruit; bouton doré formé par une petite grenade attachée à une branche peinte en vert, à laquelle s'attachent des feuilles dorées.

Époque de Kang-Hi.

216 — Quatorze Plats ronds à bords légèrement godronnés en relief peint; près du bord, une large frise circulaire de fleurs sur fond vert pointillé de noir, coupée par quatre réserves allongées contenant les *Choses précieuses* et le *Chien de Fô;* dans le centre du bassin, un personnage offrant une fleur à une jeune femme; fond de paysage avec arbres et fleurs, haie, etc.; décor polychrome où le vert de cuivre domine.

Très belles et intéressantes pièces de l'époque des Ming.

217 — Vingt et un Plats de forme octogone irrégulière; marli à relief imitant la vannerie, avec bordure bleue à œil-de-perdrix; décoration polychrome; au centre, une armoirie surmontée d'une couronne de marquis; sur le marli, une guirlande de fleurs et de liserons.

Diam. : de 0,40 à 0,29.

218 — Garniture composée d'une Potiche et de deux Cornets, portant sur leurs faces antérieures des médaillons ovales contenant, en camaïeu bistre, des paysages chinois avec personnages en costume européen ; décoration polychrome ; près du bord supérieur, une bande à fleurons, et, à la base, une frise de feuilles cannelées, alternativement bleues et rouges rehaussées d'or ; encadrement des médaillons et légères brindilles en bleu et or.

Les cornets ont une garniture en bronze doré.

219 — Deux Soupières avec Plateaux rectangulaires à angles tronqués : décoration polychrome rehaussée d'or : des fleurs et des coqs combattant, et des filets de bambou autour desquels s'enroulent des fleurs et des feuillages ; les couvercles des soupières sont surmontés de grenades en relief formant boutons.

Époque de Kien-Long.

220 — Dix Plats avec plateaux ; décor semblable à celui du précédent numéro.

221 — Vingt Tasses rondes et leurs Soucoupes décorées en camaïeu bistre rehaussé d'or, d'une scène familière à plusieurs personnages; sur les soucoupes, une bordure de fleurs et feuillages.

Époque de Kien-Long.

222 — Vingt-quatre Tasses et leurs Soucoupes, à décor bleu et rouge rehaussé d'or, représentant une vue de ville avec murailles, ruines, tour de porcelaine et arbres variés.

Très belle qualité.

Époque de Kien-Long.

223 — Deux Potiches de forme ovoïde allongée; décoration polychrome et or à médaillons, représentant, l'un, une jeune Femme à sa toilette, et l'autre des Visites à la porte d'un parc.

Époque de Kien-Long.

Haut. 0,375.

224 — Deux Vases-Jardinières ou Bouquetiers, de forme quadrangulaire évasée, à couvercles légèrement bombés et percés à jour; décoration polychrome et or; sur les deux faces antérieures, sujet de figures dans un fond de paysage; deux jeunes femmes à la fenêtre d'un pavillon, regardant un cavalier qui galope devant elles; sur les autres côtés et sur les couvercles, des fleurs, des oiseaux et des paysages.

Époque de Kien-Long.

Haut. 0,23.

225 — Six Assiettes de décor excessivement curieux.

Deux, représentent sur le marli, dans des paysages, l'espèce quadrupède comprenant : gazelle, lion, lynx, chiens de Fo; au centre, l'impératrice étudiant les mœurs des vers à soie et une Divinité gardant des moutons.

Deux autres, ont le marli chargé d'oiseaux, et, au centre, des philosophes en méditation : Bouddha et Confucius.

Deux autres, ont le marli chargé de fleurs et insectes, et, au centre, la princesse rencontrant la gazelle, et la même princesse sur les bords du fleuve Jaune.

226 — Douze Assiettes décorées de fleurs en émail blanc gravé à la pointe, et de deux bordures en or dessiné de noir.

Superbe qualité et ornementation d'une rareté excessive.

227 — Trente-cinq Assiettes à décoration polychrome; au centre, un bouquet de fleurs; sur le marli, des filets et des fleurettes détachées.

Époque de Kien-Long.

228 — Une Tasse et sa Soucoupe; décoration polychrome représentant un mandarin assis et fumant; près de lui, un jeune garçon tenant un oiseau sur son poing, et, derrière, un domestique.

Époque de Kien-Long.

Porcelaine dite *coquille d'œuf*.

229 — Tasse et Soucoupe semblables à celles du numéro précédent.

230 — Tasse et Soucoupe semblables.

231 — Tasse et Soucoupe semblables.

232 — Tasse et Soucoupe semblables.

233 — Tasse et Soucoupe semblables.

234 — Six Tasses et leurs Soucoupes, à bords festonnés, et portées sur des branches fleuries en relief, et une Théière à godrons décorée de fleurs polychromes où le rose domine, avec rehauts d'or.

Époque de Kang-Hi.

235 — Treize Assiettes à riche décor polychrome; au centre, des fleurs et des oiseaux; sur le marli, six scènes représentant les ordres de la création.

Époque de Kien-Long

236 — Deux grands Bols, de forme cylindrique, à couvercles; décoration polychrome : des bouquets de fleurs sur des rochers.

Très belle qualité.

Époque de Kien-Long.

237 — Potiche à couverte noire, décorée de lambrequins et de fleurs en or.

Époque des Ming.

Très belle qualité.

Haut. 0,33.

238 — Dix Tasses et leurs Soucoupes, décoration polychrome rehaussée d'or; sur le marli, six réserves représentant les phases de la création selon la théogonie chinoise; au centre, des oiseaux dans un médaillon circulaire.

Époque de Kien-Long.

239 — Six Tasses et leurs Soucoupes et un Sucrier, émail gros bleu à ornements d'or, avec trois réserves de fleurs peintes en rouge, vert et or.

Époque des Ming.

240 — Deux Tasses et leurs Soucoupes, à décor ajouré, rebouché par l'émail, et à paysages avec cours d'eau peints en camaïeu bleu.

Époque de Kang-Hi.

Pièces fort rares, d'une grande délicatesse et d'une belle exécution.

241 — Quatorze Assiettes creuses, à bords festonnés; décoration polychrome; au centre, un bouquet et des fleurettes détachées; sur le marli, trois bouquets.

Époque de Kien-Long.

242 — Treize Assiettes à décoration bleue sous couverte et polychrome rehaussée d'or; au centre, un paysage; sur le marli, des grenades ornemanisées, et une bordure bleue.

Époque de Kien-Long.

243 — Cinq Assiettes; le marli orné des dragons célestes en différents tons; le centre, décoré, dans trois assiettes, d'un mandarin et de deux personnages.

Une autre, représente trois femmes conversant.

Et la dernière, un personnage assis dans une maison et, à l'extérieur, deux femmes.

Décor d'un travail précieux, rehaussé d'or, du chiff. J. S., et, au revers, en noir, le monogramme D. I.

Époque des Kien-Long.

244 — Quatorze Assiettes à bords festonnés; décoration polychrome; au centre, un bouquet de fleurs, et, sur le marli, des bouquets détachés et un filet bleu, étoilé d'or.

Époque de Kien-Long.

245 — Deux Plats ovales à riche décoration polychrome et or; au centre, un bouquet de fleurs; sur le marli, des ornements vert et or sur fond filigrané bleu et rose.

Époque de Kien-Long.

Long. 0,52.

246 — Grand Plat à décoration polychrome; au centre, deux femmes près d'une table, sur une terrasse; sur le marli, des fleurs détachées peintes en rose avec feuillages d'or.

Époque de Kien-Long.

Diamètre, 0,41

247 — Grand Plat à décor plein polychrome rehaussé d'or, représentant un paysage avec rochers, pêcher et autres arbustes en fleurs.

Très belle qualité.

Époque de Kien-Long.

Diamètre, 0,40.

248 — Quatre Tasses et leurs Soucoupes; décor plein polychrome rehaussé d'or; des fleurs de nélumbo, des fleurettes et des feuillages.

Très belle qualité.

Époque de Kang-Hi.

249 — Paire de Potiches à thé, forme ovoïde, représentant sur la face principale l'impératrice écrivant son traité sur les vers à soie, et, au revers, des arbres et des feuillages en bleu à rehauts d'or.

Époque de Kien-Long.

Haut. 0,27.

250 — Plat creux à sujet européen, représentant un personnage coiffé d'une perruque accompagnant une dame; près d'eux, un chien; décor noir, rouge, vert et or.

Commencement du XVIIIe siècle.

Diamètre, 0,25

251 — Bol ayant fait partie du même service, et à décoration identiquement semblable.

Diamètre, 0,175.

252 — Quatre Assiettes à riche décoration polychrome où le rose domine; sur le marli, des lambrequins à bordure noire; dans le bassin, des fleurs entourées d'un encadrement d'arabesques peintes en rose.

Très belle qualité.

Époque de Kien-Long.

253 — Trois Tasses et leurs Soucoupes à décoration polychrome de sujets de personnages; devant une habitation, sur le seuil de laquelle se tient un chien couché, deux femmes cherchent à attirer l'attention d'un jeune étudiant, que l'on aperçoit par la fenêtre ouverte.

Porcelaine dite *coquille d'œuf*; époque de Kien-Long.

La décoration de ces belles tasses est d'une finesse remarquable et d'une exécution tellement parfaite qu'il est difficile de citer des exemples analogues.

254 — Six Assiettes à décoration polychrome rehaussée d'or; sur le marli, une riche bordure rehaussée d'or, et, au centre, un philosophe donnant une leçon.

Fabrication de Canton. Commencement du XIXe siècle.

255 — Six Assiettes à bords festonnés; décoration polychrome où le rose domine, rehaussé d'or; sur le marli, des fleurs détachées; au centre, un beau bouquet.

Époque de Kien-Long.

256 — Soupière et son Plateau; décoration polychrome; des oiseaux de rivière et des branches fleuries; le couvercle de la soupière est surmonté d'un groupe de fruits en relief formant bouton.

Époque de Kien-Long.

257 — Grand Plat ovale à poissons; décoration polychrome; sur le marli, les cinq premières phases de la création; dans le bassin, un médaillon circulaire avec une scène familière de personnages dans un parc et une frise de poissons.

Époque de Kien-Long.

Long. 0,44.

258 — Trois Assiettes à décoration polychrome où le rose domine; sur le marli, richement décoré, quatre réserves contenant *les choses précieuses;* dans le bassin, un bouquet entouré d'une couronne de fleurs.

Très belle qualité.

Époque de Kien-Long.

259 — Deux Assiettes à décor polychrome rehaussé d'or, où le rose domine; marli à lambrequins et fleurons avec fleurs peintes en réserve; au centre, dans un médaillon en losange festonné avec fleurs en réserve, des enfants nus dos à dos, dont un la tête en bas.

260 — Deux grands Bols cylindriques couverts; émail capucine à réserves polychromes de fleurs et pêches détachées.

Très belle qualité.

Époque des Ming.

261 — Deux Bols cylindriques couverts; décoration polychrome où le rose domine; des fleurs, des fruits et des modèles.

Époque de Kien-Long.

262 — Quatre Plats ronds, creux, à bords festonnés; décor polychrome rehaussé d'or; dans le bassin, une femme assise dans un jardin, tenant un éventail et ayant un lapin à ses pieds.

Époque de Kien-Long

263 — Grand Plat à marli richement décoré de fleurs et feuillages en émail blanc gravé à la pointe; au centre, une fleur de nélumbo et des feuillages en or dessiné de noir, entourés d'une petite frise circulaire filigranée d'or.

Superbe qualité.

Époque de Kang-Hi.

Diamètre, 0,39.

264 — Grand Plat à bord festonné; décor bleu sous couverte; dans le bassin, une fleur de lotus; sur le marli, des bouquets dans des caissons à arceaux.

Très belle qualité.

Époque de Kang-Hi.

Diamètre, 0,39.

265 — Vase cylindrique à collet légèrement évasé; décor fond bleu fouetté décoré de vases et attributs en or; sur les deux faces et sur les côtés, quatre médaillons à décor polychrome de fleurs, feuillages et insectes.

Époque des Ming.

Superbe qualité et conservation parfaite.

266 — Plat à décor polychrome où le vert domine; dans le bassin, un sujet de figures : une servante offre dans un plat des fruits à une jeune femme en toilette; sur le marli, quatre réserves à insectes.

Diamètre, 0,31.

267 — Plat rond, à large marli, décoré en émail blanc de fleurs et feuillages gravés à la pointe; au centre, des fleurs en bleu rehaussé d'or.

Très belle qualité.

Époque de Kien-Long.

268 — Grand Plat à marli horizontal décoré de branches de fleurs peintes en rouge et or; dans le bassin, des fleurs en relief; au centre, une chrysanthème rouge et or entourée d'une frise circulaire à fond bleu avec arabesques jaunes, et quatre réserves contenant chacune une feuille.

Époque de Kien-Long.

Diamètre, 0,40.

269 — Beau Plat à décor polychrome où le rose domine; au centre, une fleur cantonnée de quatre bouquets de forme circulaire, reliés entre eux par une grecque et entourés d'une zone rose, à réserves ornées de fleurs.

Très belle qualité.

Époque de Kien-Long.

270 — Bol à décor semblable à celui du numéro précédent.

Très belle qualité; une fêlure.

271 — Soupière ronde à frises circulaires de sapèques en rouge avec réserves ornées de fleurs polychromes; sur la panse et le couvercle, des bouquets détachés en couleurs rehaussées d'or; à l'intérieur, décor polychrome de fleurs rehaussées d'or.

Famille chrysanthémo-pæonienne.

Diamètre, 0,24.

272 — Grand Plat rond; décor polychrome rehaussé d'or; sur le marli, un riche décor de bouquets avec cédrats et grenades, alternés de papillons; au centre, un vase à pied, contenant des fleurs.

Époque de Kien-Long

Diamètre, 0,35.

273 — Grand Plat à décor polychrome rehaussé d'or, où le rose domine; sur le marli, des bouquets sur cédrats, grenades, etc. ; au centre, un riche décor d'objets mobiliers et vases.

Très belle qualité.

Époque de Kien-Long.

274 — Plat à décor polychrome où le rose domine; sur le marli, des grands lambrequins ornés de fleurs; au centre, un bouquet de nélumbos et de roseaux en fleurs.

Très belle qualité.

Époque de Kien-Long.

Diamètre, o,38.

275 — Cuvette et Bouteille à eau, à frise circulaire décorée de sapèques en bleu et de bouquets détachés; au centre, une scène familière dans un parc ; au fond, un personnage escalade une fenêtre pour rejoindre une jeune fille qui se tient sur un pont.

Époque de Kien-Long.

276 — Cinq Assiettes à décor polychrome où le rose domine; sur le marli, trois bouquets; au centre, une balustrade entourant un rocher et des fleurs.

Époque de Kien-Long.

277 — Quatre Tasses rondes et leurs Soucoupes; riche décor rouge, vert, bleu et or; au centre, un mur chargé de fleurs.

Très belle qualité.

Époque de Kien-Long.

278 — Six Assiettes décorées en émail vert de cuivre dessiné de noir; dans le bassin, un médaillon contenant les *choses précieuses*, cantonné de quatre bouquets détachés; sur le marli, des dessins de cachemire.

Époque de Kien-Long.

279 — Six Tasses et leurs Soucoupes, une Théière, un Pot à lait et un Sucrier, décorés de fleurs, feuillages et arabesques rehaussés d'or.

Époque de Kien-Long.

280 — Plat creux à décor polychrome rehaussé d'or où le rose domine; dans le bassin, un combat de coqs avec fleurs et rochers.

Diamètre, 0,38.

281 — Brûle-Parfums à panse et couvercle réticulés; décor polychrome rehaussé d'or; des bouquets et des frises circulaires; le couvercle est surmonté du chien de Fo.

(Restauré).

Diamètre, 0,17.

282 — Grand Bol à décor polychrome; à l'intérieur, des poissons; sur le pourtour, des grosses fleurs à feuillages bleus, avec réserves de paysages dessinés à l'encre de chine.

Epoque de Kien-Long.

Diamètre, 0,285.

283 — Théière avec couvercle à bouton formé par un crapaud, fond rouge malachite, à frises circulaires, dont la principale représente un Fong-hoang dans les nuages; le couvercle, le bec d'expansion et l'anse sont décorés en vert.

Époque de Kien-Long.

284 — Plat à bord festonné, décoré en bleu sous couverte; sur le marli et dans le bassin, des bouquets détachés; au centre, une grosse fleur de lotus.

Daté de Kang-Hi.

Diamètre, o,36.

285 — Plat décoré en bleu sous couverte; sur le marli, des fleurs et des bouquets; au centre, des bambous et des nélumbos.

Époque de Kang-Hi.

Diamètre, o,39.

286 — Plat à décor rouge et or ; sur le marli, quatre bouquets ; au centre, dans une frise circulaire, un vase carré contenant un bouquet.

Époque de Kang-Hi.

Diamètre, 0,32.

287 — Soupière ronde à oreillons, décorée de bouquets détachés peints en rose et rouge ; feuillages noirs rehaussés d'or ; dessin de cachemire rouge à réserves ornées de fleurs.

Époque de Kien-Long.

Diamètre, 0,26.

288 — Cuvette ovale à godrons et à bord festonné ; décor polychrome : des bouquets détachés, des fleurs et des oiseaux aquatiques.

Époque de Kien-Long.

289 — Cuvette à huit pans irréguliers; riche décor polychrome où le vert domine; au centre, un beau bouquet et des oiseaux-mouches; sur le marli, des caissons chargés de fleurs; extérieur richement décoré.

290 — Deux Tasses et leurs Soucoupes, à fleurs en relief blanc; fond bleu sous couverte, décoré en or, de fleurs et de vases contenant des bouquets.

Époque de Kang-Hi.

291 — Paire de petits Vases pansus, forme bouteille, côtelés, à fond filigrané or et réserves ornées de personnages, femmes, culture du thé et décorateurs; surmontés de l'amande.

Époque de Kien-Long.

Haut. 0,13.

292 — Autre paire de petits Vases analogues.

Haut. 0,13.

293 — Grand Plat à bord festonné; sur le marli, décoré en bleu, un ruban avec grenades; au fond filigrané de bleu, une grande réserve ornée d'un paysage polychrome.

Époque de Kien-Long.

Diamètre, 0,35.

294 — Grand Plat à décor analogue, avec réserve ornée de deux personnages portant des fleurs.

Époque de Kien-Long.

Diamètre, 0,38.

295 — Grand Plat creux à décor bleu; des bouquets de fleurs détachés.

Époque de Kang-Hi.

Marque : une feuille.

Diamètre, 0,38

296 — Plat creux décoré en bleu sous couverte; sur le marli, des lambrequins et des fleurs de pêcher; dans le bassin, une haie avec bambous, chrysanthèmes et fougères.

Diamètre, 0,37.

297 — Plat à marli orné de trois bouquets; au centre, un paysage avec volcan et un cours d'eau.

Époque de Kang-Hi.

Diamètre, 0,39.

298 — Tasse et sa Soucoupe décorées d'une frise circulaire de chauves-souris dans des nuages; au centre, le signe *Chéou* (longévité); au revers, le Dragon céleste sortant de la mer; décor polychrome où le vert domine.

Époque des Ming.

299 — Tasse semblable et sa Soucoupe.

300 — Soupière ronde à décor polychrome où le vert domine; sur la panse et le couvercle, des fleurs et des frises circulaires à réserves ornées de poissons.

Diamètre, 0,225

301 — Deux petites Bouteilles, forme gourde; couverte capucine, à réserves ornées de fleurs en bleu.

Époque de Kang-Hi.

Haut. 0,19.

302 — Assiette à décor polychrome; sur le marli, riche décor de lambrequins bordés de noir et de vert; au centre, un beau bouquet sortant d'un rocher, et un Fong-hoang.

Très belle qualité.

Époque de Kien-Long.

303 — Tasse et sa Soucoupe en porcelaine dite coquille d'œuf; décor polychrome où le rose domine et or, avec réserves de roses et de paysages; au centre, une riche habitation sur le seuil de laquelle se tiennent des personnages regardant une femme suivie d'un enfant.

Époque de Kien-Long.

304 — Tasse et sa Soucoupe, semblables à celles du précédent numéro.

305 — Six Tasses; décor polychrome pointillé d'or; fleurs, fraises, papillons et sauterelle.

Fabrication de Canton.

Époque de Kien-Long.

306 — Six Tasses et leurs Soucoupes; décor polychrome où le rose domine; des haies de bambous, des fleurs et un rocher.

Époque de Kien-Long.

307 — Une Théière et un Pot à lait; même décor.

308 — Six Théières à anses; même décor.

309 — Assiette; riche marli fond rose semé de fleurs sur le tout; un tableau déroulé à fond noir, orné d'une réserve ronde décorée d'une corbeille de vannerie à jour contenant des fleurs.

Très belle qualité.

Époque de Kien-Long,

310 — Assiette; le marli chargé de trois bouquets; le sujet central représente l'intérieur d'un artiste; l'un des personnages tient une assiette, l'autre joue de la flûte, le troisième attise le feu d'un four placé devant une table chargée des instruments nécessaires à la décoration de la porcelaine.

Décor polychrome.

Époque de Kien-Long.

311 — Assiette à marli décoré de deux bandes circulaires bleues et de fleurs et feuillages en émail blanc gravé; au centre, dans un écran, un paysage en camaïeu rose.

Époque de Kang-Hi.

312 — Assiette à bord festonné; sur le marli, des fleurs et des objets mobiliers en bleu, rouge et or; au centre, sous des arceaux bleus, deux personnages dans un char conduit par deux chevaux, dont un avec postillon; derrière, un domestique portant un parasol.

Très belle qualité.

Époque de Kang-Hi.

Diamètre, 0,22.

313 — Théière à fond filigrané rouge et feuillages en or, avec sujet de figure: Kien-Long prenant le thé et composant son ode.

314 — Assiette à marli décoré en émail blanc gravé à la pointe, et orné de trois réserves avec paysages en rose; au centre, des fleurs et des oiseaux en couleurs.

315 — Plat à marli orné de trois bouquets en bleu sous couverte; au centre, des fleurs gravées sous engobe.

Époque de Kang-Hi.

Diamètre, 0,39.

316 — Assiette octogone; sur le marli, un dessin cachemire en rose et or, à réserves en camaïeu rose et noir ornées d'oiseaux et de fleurs; au centre, des personnages assis, femmes et enfants dans un paysage avec cours d'eau; décor polychrome.

Époque de Kien-Long.

317 — Théière à décor polychrome; des fleurs, des insectes et des papillons.

Fabrique impériale de Nankin; marqué en creux dans la pâte.

318 — Plateau à bord bleu fouetté, décoré en or; sur le marli, des fleurs en frise circulaire; au centre, un paysage, revers émaillé en bleu.

Époque des Ming; marqué de la feuille.

319 — Plat rond, décoré sous engobe d'un paysage avec haie, gravé sur le marli de sapèques en bleu rehaussées d'or et, au fond, d'un papillon et d'un treillis en or réchampi de rouge.

Époque de Kang-Hi.

320 — Assiette octogone à bord festonné, à décor plein polychrome rehaussé d'or: des fleurs, des oiseaux et des arabesques.

Très belle qualité.

Époque de Kang-Hi.

321 — Plat à décor rouge, vert et or; sur le marli, trois bouquets; au centre, une tige de rosiers en fleur.

Époque des Ming.

Diamètre, 0,35.

322 — Plat à décor bleu et or; sur le marli, trois bouquets; au centre, un rocher avec fleurs et oiseaux.

Époque de Kang-Hi.

Diamètre, 0,345.

323 — Bol et son Plateau; décor de fleurs et oiseaux; feuillages en or, oiseaux en couleurs.

Époque de Kien-Long.

324 — Plat; marli semé de bouquets et alterné de rubans vert et rose; au centre, sur une terrasse, une princesse et sa suivante précédées d'un porte-falot.

Très belle qualité.

Époque de Kien-Long.

325 — Deux Assiettes, à frises circulaires de fleurs et bouquets détachés; au centre, des branchages en bleu, rouge et or.

Époque de Kien-Long.

326 — Grande Théière, de forme surbaissée, décorée de branchages, de fleurs et de feuilles en couleurs rehaussées d'or.

Époque de Kien-Long.

Haut. 0.26.

327 — Théière, Tasse et Soucoupe, à décor bleu filigrané et gravé, offrant des réserves ornées de paysages en couleurs, avec un jeune garçon monté sur un buffle; rehauts d'or.

Époque de Kien-Long.

328 — Assiette octogone; marli à riche décor noir et rouge, orné de huit réserves, dont quatre à paysages en camaïeu rose et quatre à fleurettes; au centre, une scène familière représentant, dans un paysage, quatre personnages causant.

Époque de Kang-Hi.

329 — Assiettes à marli décoré en rouge et or, du Kiling, du Fong-hoang et de fleurs en filigrané bleu; au centre, des fleurs et des oiseaux en couleurs.

Époque de Kang-Hi.

330 — Assiette à décor polychrome où le rose domine; sur le marli, des arabesques de différents tons et les attributs des lettres; au centre, des objets mobiliers et des fleurs.

Époque de Kien-Long.

331 — Bol à décor rouge et or, avec quatre réserves décorées de scènes familières à personnages en couleurs, et de paysages en camaïeu rose.

Époque de Kien-Long.

332 — Assiette octogone, à bord festonné; décor polychrome et bleu sous couverte rehaussé d'or; sur le marli, des fleurs et feuillages; au centre, un paysage avec cours d'eau et pagodes.

Époque de Kien-Long.

333 — Assiette à riche décor polychrome où le rose domine ; sur le marli, des lambrequins à fleurons de roses ; au centre, un bouquet de roses et de bambous.

Époque de Kien-Long.

334 — Assiette à décor de même nature ; sur le marli, des lambrequins cerclés de rouge ; au centre, un bouquet de fleurs.

Époque de Kien-Long.

335 — Assiette à décor polychrome rehaussé d'or, dont le fond à réserve en forme de feuille est orné de branchages et fleurs ; le marli est semé de points et de fleurs.

Époque de Kien-Long.

336 — Tasse et sa Soucoupe ; décor polychrome de sujets familiers ; le marli de la soucoupe est filigrané d'or avec réserves d'oiseaux et d'insectes.

Époque de Kien-Long.

337 — Assiette à décor polychrome; marli à fond d'œils-de-perdrix en rouge, sur fond vert, avec quatre réserves ornées de fleurs; au centre, derrière une clôture, un rocher et un pêcher en fleurs.

Époque des Ming; marqué du double poisson.

338 — Assiette creuse à pâtes gravées et en relief sous engobe, décorée d'un petit marli à sapèques et ornée au centre, en polychrome, de jeux d'enfants représentant deux d'entre eux portant la dépouille du chien de Foa.

Époque de Kien-Long.

339 — Assiette, décor polychrome; sur le marli, des fleurs et feuillages; au centre, une balustrade de palmiers avec fleurs et oiseaux.

Époque coréenne.

340 — Assiette à riche décor polychrome; sur le marli, des lambrequins à fond vert filigrané rouge; au centre, un vase contenant des fleurs et les attributs des lettrés.

Époque des Ming.

341 — Grand Plat à décor polychrome rehaussé d'or; sur le marli, quatre bouquets de différents tons; au centre, un bouquet de fleurs.

Fêlure.

342 — Deux petits Cornets à ouverture évasée, décorés de fleurs polychromes à rehauts d'or.

Haut. 0,16.

343 — Assiette à décor plein polychrome et or, dit à *la Haie;* rocher, fleurs et oiseaux.

344 — Assiette à bord festonné; décor polychrome; sur le marli, un dessin de cachemire en rose et or, avec réserves ornées de paysage en camaïeu rose; au centre, des personnages regardant un combat de coqs.

Fêlure.

Époque de Kien-Long.

345 — Assiette creuse à décor polychrome rehaussé d'or; sur le marli, à fond rose, des imbrications et des groupes de fleurs en bleu turquoise; au centre, des bouquets de fleurs.

346 — Assiette à décor polychrome; sur le marli, des lambrequins rouge et rose; au centre, un bouquet avec un faisan debout sur un socle.

Époque de Kien-Long.

347 — Assiette à bord festonné; décor bleu de fleurs et filigranes en bleu, orné de quatre rosaces à décor polychrome, dont trois à paysages et rehauts d'or.

Époque de Kang-Hi.

348 — Assiette à décor polychrome; sur le marli, des fleurs en émail blanc et des fleurons vermiculés rouges avec des réserves de fleurs; au centre, des rochers, des fleurs et des faisans.

Très beaux émaux.

Époque de Kien-Long.

349 — Assiette à tableau carré, ornée d'une zone chargée de vases-supports et rouleau orné de fleurs et rehauts d'or.

Époque de Kien-Long.

350 — Assiette à peinture polychrome; sur le marli, un riche décor cerclé de noir; au centre, un vase et un rouleau sur lequel est peint un paysage en rouge et en or.

Époque de Kien-Long.

351 — Assiette à bord festonné et ornements or; au centre, roches, arbrisseaux et fleurs.

Époque des Ming.

352 — Assiette à décor polychrome; sur le marli, des fleurs et des rubans; au centre, un bouquet de fleurs, un cédrat et une grenade.

Époque de Kien-Long.

353 — Assiette à décor polychrome; sur le marli, quatre réserves chargées de fleurs; au centre, un bouquet de fleurs entouré d'une frise circulaire jaune à filet bleu.

Époque de Kien-Long.

354 — Assiette à décor polychrome; sur le marli, quatre réserves chargées des attributs du lettré; au centre, des fleurs et des oiseaux sur un rocher.

Très belle qualité.

Époque de Kien-Long.

355 — Trois Assiettes à décor polychrome; sur le marli, quatre bouquets de fleurs; au centre, une balustrade, des fleurs et un oiseau.

Époque de Kien-Long.

356 — Assiette à marli représentant des grottes; au centre, des rochers, un paysage avec une haie, un coq, et un oiseau dans une cage suspendue à un arbre.

Époque de Kang-Hi.

357 — Assiette décorée de quatre frises circulaires différentes; dans l'une, des groupes de fleurs; dans celle du centre, un paysage; décor polychrome rehaussé d'or.

Époque de Kang-Hi.

358 — Assiette à décor polychrome rehaussé d'or; sur le marli, des fleurs séparées par des cloisons bleues et roses; au centre, un bouquet entouré de frises circulaires bleues et roses.

Époque de Kien-Long.

359 — Assiette à filet bleu et à décor polychrome; dans le bassin, une rosace en forme de chrysanthème à dix pans filigranés de bleu; au centre, une fleur peinte en rose.

Époque de Kien-Long.

360 — Assiette à décor polychrome; sur le marli, des arabesques en or et des grosses roses isolées; au centre, une princesse donnant des ordres à une suivante.

Époque de Kien-Long.

361 — Assiette à décor polychrome rehaussé d'or; sur le marli, des petits lambrequins; au centre, deux perdrix picorant les grains de maïs tombés des plantes placées derrière elles.

Époque de Kien-Long.

362 — Assiette à fond bleu sous couverte, avec des réserves blanches décorées de fleurs en couleurs; rehauts d'or.

Époque de Kang-Hi.

363 — Assiette octogone à bord festonné; au centre, des fleurs et un paysage en bleu, rose et or; frise circulaire de grecques avec filigrane d'or sur fond rouge.

364 — Tasse à couvercle et son Plateau à décor polychrome rehaussé d'or; des bouquets détachés.

Époque de Kien-Long.

365 — Assiette; marli orné de lambrequins et fleurs; au centre, bouquet de roses, rocher et coqs.

Fêlée.

Décor polychrome.

Époque de Kien-Long.

366 — Assiette décorée en rose de fleurs détachées.

Époque de Kien-Long.

367 — Petite Théière avec reliefs à la panse; décor polychrome; des fleurs détachées sur fond noir avec réserves de paysages.

Époque de Kien-Long.

368 — Théière, de forme surbaissée; décor polychrome; une haie, des fleurs et un coq.

Époque de Kien-Long.

369 — Assiette, décor polychrome rehaussé d'or; sur le marli, quatre motifs de fleurs; au centre, une grosse fleur rouge entourée de fleurs et de feuillages.

Époque de Kien-Long.

370 — Assiette creuse, à marli orné de feuillages; au centre, un rocher avec bambous, pin et gazelle.

Famille verte.

Époque de Kang-Hi.

371 — Assiette creuse octogone à décor polychrome rehaussé d'or; sur le marli, des branchages et des fleurs; au centre, une haie, un arbre chargé de fleurs et des oiseaux.

Époque de Kang-Hi.

372 — Deux Assiettes décorées en bleu; sur le marli, trois bouquets à cédrats et insectes en rouge et or; au centre, des roches avec fleurs en bleu et oiseaux en rouge et or.

Époque de Kien-Long.

373 — Assiette à décor plein de bambous, pin et chrysanthèmes en bleu, rouge et or.

Époque de Kang-Hi.

374 — Théière, décorée d'un paysage en couleurs.

Époque de Kien-Long.

375 — Théière à décor polychrome rehaussé d'or; scène familière à personnages.

376 — Petite Théière ronde à décor polychrome; des scènes familières avec femmes et enfants.

377 — Théière décorée d'un personnage sur un buffle, et, à la partie inférieure, de feuillages et de fruits en relief.

Époque de Kien-Long.

378 — Cornet décoré de personnages, dans des cadres bleus sur fond rouge.

379 — Autre Cornet à décor polychrome et or de haie et de fleurs.

380 — Petit Pot à lait; décor de fleurs polychromes.

381 — Petit Pot à lait, à décor polychrome de personnages.

Époque de Kien-Long.

PORCELAINES ANCIENNES

DU JAPON

382 — Grand Plat à très riche décor rouge, bleu et or; des fleurs et des oiseaux.

Très belle qualité.

Diamètre, 0,50.

383 — Aiguière en casque, à anse détachée et bec d'expansion orné d'un masque en relief; décor de fleurs en bleu et rouge, à rehauts d'or, avec frises circulaires rouges et bleues en relief.

Haut. 0,26

384 — Deux Services de quatre plateaux en forme d'éventails; décor polychrome rehaussé d'or; des branchages, des fleurs avec ornements.

Fabrique de Nangasaki.

385 — Grand Plat à huit pans; riche marli à ornements alternés en bleu et rouge; au centre, des rochers, des fleurs et des palmiers; rehauts d'or.

Larg. 0,425.

386 — Grand Bol et son Plateau (fêlé); décor bleu, rouge et or; au centre, une balustrade, un kiosque et un vase contenant des fleurs; sur le marli, un riche décor de paysages.

Marque.

387 — Pot à eau à surface côtelée; riche décor de fleurs en bleu, rouge et or.

Très belle qualité.

Haut. 0,23.

388 — Soupière à deux anses détachées ; décor à lambrequins, fond bleu avec bouquets en rouge et or ; le couvercle surmonté d'un citron doré avec branche et feuilles en relief.

Très belle qualité.

Diamètre, 0,20.

389 — Grand Plat ; décor bleu, rouge et or ; sur le marli, des bouquets de fleurs alternant avec des poissons sur des herbes ; au centre, un très beau bouquet.

Très belle qualité.

390 — Plat creux ovale, à surface godronnée, décoré de frises circulaires en bleu et rouge ; sur le marli, ainsi que dans le fond, des fleurs en bleu, rouge et or.

Diamètre, 0,33.

391 — Plat à décor bleu, rouge et or; marli à caissons alternés losangés bleus et rouges et bouquets de fleurs; au centre, des rochers, des plantes, des fleurs et des oiseaux.

Diamètre, 0,37.

392 — Trois Assiettes décorées sur le marli, et au centre, de grenades et de branchages rouges, bleus et or.

393 — Plat rond à riche marli orné de trois réserves chargées de fleurs; au centre, un vase contenant des fleurs, entouré d'une frise circulaire en bleu, rouge et or.

Belle qualité.

394 — Bol et son Plateau décorés de fleurs en rouge, bleu et or.

Bonne qualité

395 — Assiette à décor polychrome rehaussé d'or : sur le marli, des fleurs détachées; au centre, un groupe de rinceaux et de fleurs.

396 — Plat creux rond décoré, sur le marli, d'attributs et de fleurs, et, au centre, de plantes et oiseaux aquatiques en bleu.

Diamètre, 0,28.

397 — Assiette à marli décoré de fleurs; au centre, des fleurs et un vase contenant des lotus.

398 — Assiette à décor bleu, rouge et or; sur le marli, des bouquets alternés avec des caissons; au centre, des plantes diverses.

399 — Théière à panse godronnée, décorée de fleurs et de papillons en bleu, rouge et or.

PORCELAINES CHINOISES

A DÉCORS EUROPÉENS

Fabriquées par la Compagnie des Indes

---

400 — Partie de Service, composé de : six Salières rectangulaires, quatre Raviers (long. ord. 16), deux Plateaux ronds (diam. 13, 5), deux Saucières, un Beurrier, deux Tasses et leurs Soucoupes, quatre Moutardiers, un petit Plateau rond à reliefs dorés (diam. 15); décor polychrome et or; des guirlandes de fleurs et des armoiries.

401 — Quinze Assiettes à bord festonné et filets or et rouge; le marli chargé d'un collier à plaquettes carrées, alternées de deux en deux d'une figure en corail rouge, et, sur le centre, guirlandes de fleurettes et feuillages; le tout rehaussé d'or.

Époque Louis XV.

402 — Six Assiettes creuses, à bord festonné ; décor polychrome ; sur le marli, des riches guirlandes de fleurs ; au centre, un bouquet.

Époque Louis XV.

403 — Seize Assiettes plates ayant fait partie du même service.

Époque Louis XV.

404 — Vingt-quatre Assiettes à bords festonnés ; sur le marli, une frise à œils-de-perdrix roses ; au centre, un bouquet et des fleurettes.

405 — Cinq Assiettes creuses ; même service.

406 — Grande Soupière et son Plateau, même service.

407 — Six Tasses et leurs Soucoupes, à bords festonnés, à filet or s'enroulant avec une guirlande de fleurs ; au centre, des armoiries.

408 — Six autres Tasses à anses et leurs Soucoupes.

409 — Douze Assiettes à décor polychrome rehaussé d'or ; sur le marli, un liseron rose formant une guirlande de bouquets et la *pierre sonore* ; au centre, un vase et un meuble contenant des fleurs.

410 — Ving-quatre Assiettes octogonales arrondies ; marli à bord rose œil-de-perdrix et rayures séparées par des papillons et des grenades ; au centre, un bouquet de fleurs.

411 — Neuf Assiettes creuses; même service.

412 — Pot à eau et sa Cuvette, forme et décor de style Louis XVI. Pièce de commande, ornée, sur la panse et au fond de la cuvette, d'un vase à couvercle et fleurs, de bouquets détachés, guirlandes de feuilles et feuillages, et, sur le marli, d'une frise rose et jaune se terminant en plumes figurées.

Haut. 0,25.

413 — Douze Assiettes creuses; sur le marli et au centre, des bouquets en peinture polychrome rehaussée d'or.

414 — Onze Assiettes; sur le marli, des guirlandes de fleurs; au centre, un très beau bouquet; décor polychrome.

415 — Quatre Plats rectangulaires à angles tronqués, bord festonné; des fleurs et des bouquets détachés; peinture polychrome à rehauts d'or.

Larg. 0,255.

416 — Bol et son Plateau; décoration polychrome: un Chasseur et une Dame au repos en costumes européens.

Pièces très curieuses.

417 — Grand Plat creux; décor en camaïeu rose et filets noirs et or; sur le marli, des ornements divers avec paons; au centre, le *Jugement de Pâris.*

Diamètre, 0,39.

418 — Écuelle et son Plateau; sur le marli, des dessins de cachemire; l'écuelle et le fond du plateau ornés de paysages européens; le tout en camaïeu bistre rehaussé d'or; le couvercle est surmonté d'une pomme de pin, et l'écuelle est à anses torsées.

419 — Soupière ornée de filets et rubans roses, et de bouquets en couleur, dans des encadrements ronds; le couvercle est surmonté d'un citron; les anses liées et détachées.

420 — Dix Assiettes à décor polychrome; sur le marli, et dans le bassin, des bouquets détachés.

421 — Dix autres Assiettes à bords festonnés; même service.

422 — Six Assiettes creuses à décor polychrome; sur le marli, des guirlandes de fleurs; au centre, un grand bouquet entouré d'une frise rouge figurant une chaîne.

423 — Compotier à bord festonné et à marli côtelé; décor polychrome à rehauts d'or; des fleurs, des feuillages et des attributs.

Diamètre, 0,27.

424 — Quatre Salières à rubans et liserons en bleu, avec armoiries en couleurs surmontées d'une couronne de comte.

425 — Quatre Raviers ovales, à bords contournés; sur le marli, un dessin de cachemire et des papillons en camaïeu bistre; au centre, une armoirie en noir, surmontée d'un cœur ailé et une devise.

426 — Deux Plats à huit pans; décor polychrome; sur le marli, un feston rose et des guirlandes de fleurs; au centre, un bouquet.

Larg. 0,25.

427 — Huit Assiettes; décor polychrome; des bouquets détachés.

428 — Grand Plat à bord festonné et ruban à treillis; décor dit à l'encre de chine : *Mars et Vénus* près d'un nuage.

Diamètre, 0,37.

429 — Une Assiette du même service; décor semblable.

430 — Plat à décor polychrome; sur le marli, des bouquets détachés; au centre, un bouquet.

Diamètre, 0,34.

431 — Deux Raviers en forme de feuilles; décor polychrome; sur le marli, un ruban à pois verts et or avec guirlande de fleurs ; au centre, un bouquet.

432 — Deux Saucières à bord festonné; un ruban rose et une guirlande de fleurs.

433 — Assiette à décor polychrome; sur le marli, une arabesque en bistre et or; au centre, le *Jugement de Pâris*.

434 — Assiette à décor en camaïeu rose; sur le marli, des arabesques, des oiseaux et des fleurs ; au centre, le *Jugement de Pâris*.

435 — Plat à décor polychrome et frise dorée; sur le marli, quatre bouquets; au centre, un bouquet.

Diamètre, 0,32

Vve Renou, Maulde et Cock, imprs de la Compagnie des Commissaires-Priseurs, rue de Rivoli, 144. 46264

www.ingramcontent.com/pod-product-compliance
Ingram Content Group UK Ltd.
Pitfield, Milton Keynes, MK11 3LW, UK
UKHW020311180726
13839UKWH00001B/441